수입패션 잡화

구매행동

수입패션 잡화
구매행동

백 인 선

Purchasing Behavior Imported Fashion Accessory

유통개방과 수입자율화 이후 수입시장이 점차 커지면서 여성들의 수입잡화에 대한 태도를 알아보고자 실시하였다. 이를
위해 자신의 표현행동과 사회적 적절성을 묻는 자기감시이론을 이용하였다. 이를 위해 자기감시이론과 수입브랜드의 시장
현황에 관련된 국내외 서적, 논문 및 정기 간행물을 참고로 하였다.

KSi 한국학술정보㈜

책머리에

디지털의 정보화로 인한 글로벌 경쟁사회에서 전 세계는 하나의 시장이 되어 보이지 않는 전쟁을 하고 있다. 우리나라도 유통개방과 수입자율화 이후 수입시장의 규모는 점차 국내시장을 위협하고 있으며, 소비자들도 예전의 명품·고가로만 여기던 수입상품에 대한 인식이 대중적으로 확산되어 가는 상황이다. 현재 국내 내수시장에 진출한 수입상품들은 고가뿐 아니라, 중·저가상품까지 선보이고 있어 빠르게 변화하고 유행에 민감한 여성들에게 개성과 감각을 충족시키고 있다. 또한 여성소비자의 대부분이 브랜드 파워가 강한 수입브랜드에 대한 선호도가 높다. 그로 인해 국내상표와 수입상표에 대한 경쟁은 피할 수 없게 되었다고, IMF이후 국내 내수시장에서 자리 잡은 수입브랜드들의 수요가 점차 증가하고 있다.

국내 의류시장에서 판매되고 있는 수입상표는 2000년 1월을 기준으로 대략 785개 정도로 파악된다(섬유저널, 2000). 고가·중가·중저가대의 수입상표들은 여성 캐주얼과 영캐주얼, 잡화시장을 공략, 거의 내셔널 브랜드만큼 볼륨이 커졌으며, 그 소비층도 전에는 경제적으로 안정된 30·40대가 주류를 이루었으나, 요즘은 연령이 20대에서 10대들까지 구매력이 점차 확대되고 있다.

수입상표들이 국내시장을 위협하는 이러한 상황에서 유행에 가장 민감하고, 최근 수입브랜드에 대한 구매력이 높은 20·30대 여성소비자들이 의류뿐 아니라, 수입 잡화에 관심과 소비가 크게 증가함에 따라 20·30대 대학생부터 직장여성, 주부를 대상으로 자기모니터링과 수입 잡화류에 대한 평가태도와 수입상표 선호도 및 구매행동을 알아보는 것은 국내 패션 기업에게 마케팅 전략방법 수립에 큰 도움이 되리라 생각된다.

본 연구는 2000년도에 설문이 이루어져 현 소비자와 수입 잡화시장에 큰 차이가 있으나 우리나라의 수입 잡화시장의 성장초기에 이루어진 조사라 기본 자료가 되고, 패션분야에서 점점 확대가 되고 있는 잡화시장의 후속연구에 조금이나마 도움이 되고자 하는 바람으로 출간하게 되었다.

끝으로, 본 연구자가 학업을 시작하면서 현재까지 부족한 저를 이끌어주신 홍병숙 교수님과 이은진 선배님께 감사를 표하며, 언제나 끝없는 사랑과 믿음으로 돌보아주신 부모님께 조그마한 보답이 되었으면 하는 바람입니다.

국문초록

유통개방과 수입자율화 이후 우리나라 수입시장의 규모는 점차 국내시장을 위협하고 수입상품에 대한 소비자의 인식도 대중적으로 확산되어 가고 있다. 수입브랜드의 규모가 커지고 대중화되면서 각 브랜드들은 인지도를 높이기 위해 치열한 경쟁을 하고 있다. 즉, 세계가 하나의 시장인 글로벌시장에서 브랜드의 가치는 소비자의 구매에 큰 영향력을 주므로 각 기업들은 자신의 브랜드 가치를 높이기 위해 노력하고 있으며, 무한 경쟁이라는 도전을 받고 있는 국내시장에서 브랜드들은 보다 적극적이고 전략적인 정책변화가 필요로 하게 된 것이다.

본 연구는 유행에 민감하고 수입브랜드에 대한 선호가 높은 20-30대 여성을 대상으로 수입 잡화에 대한 제품속성평가와 추구혜택 및 구매행동을 알아보고자 하였다. 이를 위해 타인에게 비춰지는 자신의 표현행동과 사회적인 적절성을 묻는 심리적인 변인인 자기감시이론을 이용하였다. 자기감시의 측정은 Snyder(1974)의 Self-Monitoring Scale을, 제품속성평가와 추구혜택, 인구통계학적인 변인은 선행연구들의 측정도구에서 선택하여 사용하였다.

구체적인 본 연구의 목적은 다음과 같다.

첫째, 자기감시가 높은 집단과 낮은 집단사이에 수입 잡화에 대한 제품속성평가와 추구혜택의 차이를 알아본다.
둘째, 20-30대 여성소비자의 수입 잡화 구매행동을 알아본다.

셋째, 20-30대 여성소비자의 수입 잡화 이미테이션 구매행동을 알아본다.

넷째, 20-30대 여성소비자의 인구통계학적 변인에 따른 수입 잡화 구매차이를 알아본다.

본 연구는 2000년 9월에 서울지역 20-30대의 여성소비자 중 대학생, 직장인, 주부를 대상으로 202명 설문조사를 실시하였다. 평균, 백분율, 빈도분석, 요인분석, t-test, 일원분산분석, 상관관계 등을 실시하였다.

본 연구의 결과는 다음과 같다.

1) 자기감시가 높은 집단과 낮은 집단사이의 수입 잡화 제품속성 평가와 추구혜택 유의한 차이가 있었다. 제품속성평가는 상징성에서, 추구혜택에서는 동조성, 상표, 유행, 어울림 추구에서 유의차를 나타내었다.

2) 20-30대 여성소비자의 수입 잡화 구매행동을 비교한 결과 수입 잡화가 국내 잡화에 비해 디자인이나 유행성, 품질면에서 더 좋다고 인지하고 있었으며 구매 장소는 주로 백화점에서 구매하고 있었다. 수입 잡화 구매량 및 소유량은 60%이상이 1년에 1개 정도는 아이템별로 구매하고 있고, 소유하고 있는 것으로 나타났다. 또한 응답자의 50%가 한 달에 5만 원 미만을 잡화로 구입하고 있는 것으로 나타났으며, 선호하는 브랜드들은 브랜드의 인지도가 있는 유명브랜드를 선호하는 것으로 나타났다.

3) 20-30대 여성소비자의 이미테이션 구매행동을 비교 분석한 결과 응답자의 74%가 구매경험을 가지고 있었으며, 대부분이 가격요인 때문에 이미테이션을 구입한다고 하였다. 구매 장소도 남대문이나 동대문 시장에서 구입하는 것으로 나타났다. 응답자의 73%가 계속 수입 잡화의 이미테이션을 사용하겠다고 대답해 이 시장은 계

속 성장할 것으로 보인다.

4) 인구통계학적 변인에 따른 구입 잡화속성평가의 결과는 용돈, 의복 및 잡화 구입비, 이미테이션 구매경험에 따라 유의차를 나타내었다.

또 추구혜택의 차이에서도 연령, 용돈, 의복 및 잡화 구입비, 이미테이션 구매경험에 따라 유의차를 나타내었다.

목 차

I. 서 론

1. 연구의 의의

디지털의 정보화로 인한 글로벌 경쟁사회에서 전 세계는 하나의 시장이 되어 보이지 않는 전쟁을 하고 있다. 우리나라도 유통개방과 수입자율화 이후 수입시장의 규모는 점차 국내시장을 위협하고 있으며, 소비자들도 예전의 명품·고가로만 여기던 수입상품에 대한 인식이 대중적으로 확산되어 가는 상황이다. 현재 국내 내수시장에 진출한 수입상품들은 고가뿐 아니라, 중·저가상품까지 선보이고 있어 빠르게 변화하고 유행에 민감한 여성들에게 개성과 감각을 충족시키고 있다. 또한 여성소비자의 대부분이 브랜드 파워가 강한 수입브랜드에 대한 선호도가 높다. 그로 인해 국내상표와 수입상표에 대한 경쟁은 피할 수 없게 되었다고, IMF이후 국내 내수시장에서 자리 잡은 수입브랜드들의 수요가 점차 증가하고 있다.

국내 의류시장에서 판매되고 있는 수입상표는 2000년 1월을 기준으로 대략 785개 정도로 파악된다(섬유저널, 2000). 고가·중가·중저가대의 수입상표들은 여성 캐주얼과 영캐주얼, 잡화시장을 공략, 거의 내셔널 브랜드만큼 볼륨이 커졌으며, 그 소비층도 전에는 경제적으로 안정된 30·40대가 주류를 이루었으나, 요즘은 연령이 20대에서 10대들까지 구매력이 점차 확대되고 있다.

20·30대 여성들은 항상 유행의 중심에서 가장 민감한 반응을 보이는 집단으로 전체 구매자 집단에서 그 비율만 보더라도 무시할 수 없는 큰 힘을 가지고 있다.

20-30대 여성들에게 있어 의복, 화장품, 패션잡화 등은 자신의 몸을 꾸미는 것은 자아를 표현하는 수단이라고 할 수 있다.

이경아(1999)는 20대 도시 여성들의 소비형태는 감각추구성향과 상표 다양성 추구성향을 특성으로 한다고 하였다. 즉, 의복과 장식을 통해 타인으로부터 관심, 호감, 명성 등을 획득하려고 하므로 유행스타일을 잘 구현하고 있는 상표를 찾아 충성하는 경향을 보이는 것이다.

1990년 이후의 상표 선호도 연구결과를 보면 소비자들이 국내상표보다 외국상표를 더 선호하는 것으로 나타남에 따라 가격과 내구성을 중시하던 구매습관에서 벗어나 색상이나 유행성 등과 같은 상품의 외형을 중시하는 경향으로 흐르고 있음을 알 수 있다.

이와 같이 여러 형태로 수입의류 시장이 넓어지면서 한편에서는 외화낭비, 과소비 조장 등의 곱지 않은 시각을 갖고 있다. 그러나 수입상표가 높은 상표지명도와 가격합리화, 차별화전략으로 점차 고급화되고 합리적 구매행태를 갖는 소비자들은 질적으로 만족시켜 준다면 수입상표를 부정적인 시각에서만은 볼 수 없을 것이다. 몇 년 전까지만 해도 신분의 우월적 표시로 수입상표를 선호했던 것과 달리 최근 소비자들은 그 희소가치보다는 상표에서 느껴지는 이미지와 상품력 위주의 구매성향을 갖고 있다고 생각된다.

소비자행동에서 개인의 행동과 성격은 일반적으로 환경의 자극에 대한 지속적 반응과 연결된다는 사실에서 자신의 행동과 성격을 상황에 대한 적절성의 여부를 스스로 평가하고, 상황에 맞게 행동하려는 자기감시이론(self-monitoring)이 소비자행동연구에 적합한 인성변인으로 권장되고 있다.

지금까지의 연구는 수입상품 중 의복의 구매행동에 관한 연구가 주로 이루어져 왔으나 패션잡화 구매행동에 관한 연구가 거의 이루어지지 않았으며 특히 개인의 행동, 성격을 수입상품 구매행동과 관련시킨 연구가 없었다.

본 연구는 자기감시라는 인성변인이 20·30대 여성소비자의 수입 잡화 구매행동에 어떠한 영향을 주는가에 관한 것이다.

수입상표들이 국내시장을 위협하는 이러한 상황에서 유행에 가장 민감하고, 최근 수입브랜드에 대한 구매력이 높은 20·30대 여성소비자들이 의류뿐 아니라, 수입 잡화에 관심과 소비가 크게 증가함에 따라 20·30대 대학생부터 직장여성, 주부를 대상으로 자기모니터링과 수입 잡화류에 대한 평가태도와 수입상표 선호도 및 구매행동을 알아보고자 한다.

2. 연구의 목적

본 연구는 유통개방과 수입자율화 이후 수입시장이 점차 커지면서 여성들의 수입 잡화에 대한 태도를 알아보고자 실시하였다. 이를 위해 자신의 표현행동과 사회적 적절성을 묻는 자기감시이론을 이용하였다.

이를 위해 자기감시이론과 수입브랜드의 시장현황에 관련된 국내외 서적, 논문 및 정기 간행물을 참고로 하였다.

본 연구의 구체적인 내용은 다음과 같다.

첫째, 자기감시가 높은 집단과 낮은 집단사이에 수입 잡화에 대한 제품속성평가와 추구혜택의 차이를 알아본다.

둘째, 20-30대 여성소비자의 수입 잡화 구매행동을 알아본다.

셋째, 20-30대 여성소비자의 수입 잡화에 이미테이션 구매행동을 알아본다.

넷째, 20-30대 여성소비자의 인구통계학적 변인에 따른 수입 잡화 구매특성차이를 알아본다. 구체적으로 수입 잡화의 제품속성평가, 추구혜택, 구매행동의 차이를 알아본다.

3. 연구의 구성

본 연구는 다음과 같이 구성되어 있으며, 이를 요약하면 다음과 같다.

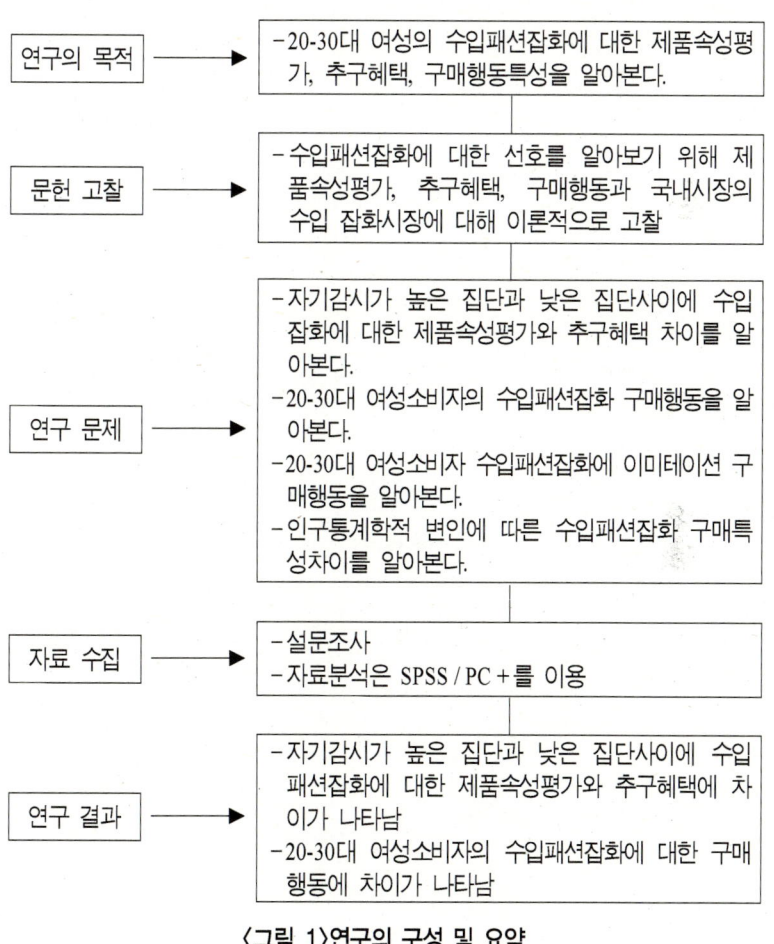

<그림 1>연구의 구성 및 요약

Ⅱ. 이론적 배경

1. 자기감시이론

1) 자기감시 정의

자기감시(self-monitoring)는 자신의 표현행동의 사회적 적절성 여부를 가리기 위하여 상황적인 단서에 따라서 자기를 관리하고 통제하며 관리하려는 경향이다.(이은선, 1998) 그동안 소비자행동연구 분야에서 기질적, 상황적 특성이 태도와 행동에 미치는 영향에 관심을 가져왔으며, 성격과 행동 간의 관계를 밝히려는 연구도 많이 진행되었다.

자기감시이론의 목적은 첫째, 사람들의 사회활동과 대인관계에서 어느 정도까지 타인에 비치는 자신의 이미지를 통제하려고 하는가와 둘째, 대인관계에서 이러한 전략을 사용한 결과는 무엇인가의 두 가지 질문에 답하고자 하는 데 있다.

자기감시이론은 개인차를 고려한 것이 특징이다. Snyder(1974)는 개인의 성격특성을 잘 설명할 수 있는 변수로 자기감시의 개념을 제안하였다. 여기서 자기감시란 자신의 행동의 상황에 대한 적절성의 여부를 스스로 평가하고, 상황에 맞게 행동하려는 정도로 정의하였다. 따라서 그는 이 정도의 높고 낮음에 따라 자기감시가 높은 사람과 자기감시가 낮은 사람으로 분류할 수 있다고 주장하였다.

Snyder and lckes(1985)의 성격과 사회행동 간의 관계를 밝히는 연구와 Sherman and Fazio(1983)의 태도와 행동, 특질과 행동 간의 관계를 밝히는 연구에 따르면, 소질과 행동을 밝히는 연구들에서 가장 많이 사용되고 있는 대표적인 개인적 변인이 자기감시찰 수준이라고 하였다.

Snyder and lckes(1985)에 의하면 개인의 심리를 측정할 수 있는 척도가 개인의 특성을 설명하는 매개변수(mediating variable)로서 유효성이 있다고 평가받기 위해서는 그 척도를 이용한 측정을 통해서 피험자가 자기 자신에게 관한 정보와 사회상황에 대한 정보 모두를 자신의 사회적 행동유발에 관련시키고 활용한다는 사실을 신뢰성 있고 타당도 있게 보여줄 수 있어야 한다고 했다.

개인의 태도 혹은 특질로부터 행동을 표현하려는 과정을 보여준 연구들, 그리고 개인이 지닌 여러 가지 소질들이 표현행동의 일관성에 영향을 미친다는 사실을 보여준 연구들은 많이 이루어졌으며, 자기감시 수준도 일관성의 측면에서 행동을 예측한다는 목적에 이용될 수 있다고 알려져 왔다.

자기감시는 ① 개인의 진실한 정서상태의 표현을 좀더 정확히 할 수 있도록 해주며, ② 실질적인 정서적 경험과 일치할 필요가 없는 독단적인 정서상태를 정확히 전달하도록 해주며, ③ 부적절한 정서상태를 감추고 무반응과 무표현으로 나타나게 해주며, ④ 나아가 적절한 정서상태를 경험하고 있는 것처럼 나타나게 해주며, ⑤ 정서적 경험은 없지만 무반응이 적절하지 못하다고 판단될 때 정서를 경험하고 있는 것처럼 나타나게 해주는 기능을 가지고 있다는 것이다.

개인의 표현행동을 기술하는 개념인 자기감시는 처음에 사회심리학에서 많은 연구가 이루어졌다. 자기감시가 높은 사람들은 자신이 처한 상황에서 상황이 요구하는 조건을 충실히 이행하는 사람으로 행동하려고 노력하며, 상황의 적절성 여부에 따라서 대인관계를 고려하기 때문에 자신의 행동을 상황에 잘 적응할 수 있도록 표현하며, 타인에게 보이고자 하는 자신의 이미지에 기초하여 자신의 행동을 잘 변화시킨다. 바꾸어 말하면, 자기감시 수준이 높은 사람들은 외부에 투시되는 자신의 이미지에 아주 민감하다고 볼 수 있다. 또 그들은 듣는 사람의 입장이나 태도를 고려해서, 전달되는 정보의 메시지 내용을 변화시키는 능력이 뛰어나며, 사치품을 고를 때 준거집단의 영향을 더 많이 받게 된다.

반면에 자기감시 수준이 낮은 사람은, 상황에 따라서 자신의 행동을 교정하려고 하지 않는다. 따라서 그들은 자신의 행동을 태도·감정 등 자신이 가진 내적인 기준을 바탕으로 결정하려고 한다.

결국 그들은 자신이 지닌 의도와 행동 간에 높은 일치성을 보인다.

자기감시 개념은 개인의 성격 특성을 구분하기 위한 방법으로 많이 이용되어서 소비자행동의 개인차 연구 분야로 적용할 수 있는 가능성을 보여주었다.

또한 Becherer and Richard(1978)는 성격변인과 브랜드 태도 사이에 자기감시 수준이 매개변인으로 작용함을 밝힌 바 있다.

자기감시가 높은 사람이란 자신의 행동이 사회활동과 대인관계에서 적절한가에 관심이 큰 사람이며, 따라서 자신의 행동이 타인에게 어떻게 받아들여질 것인가에 민감하며 자신을 나타내는 수단으로서 상황단서를 이용하는 사람이다. 이에 비해 자기감시가 낮은 사람은 자신을 나타내는 행동이 사회적으로 적절한지에 대해서 별로 주의를 기울이지 않으며 또한 자신을 나타내는 행동도 다양하지 못하다. 따라서 이들의 행동은 그들의 정서상태와 태도에 의해 통제받게 된다.

2) 자기감시이론과 관련된 연구

자기감시이론은 처음에는 사회심리학에서 많은 연구가 이루어졌지

만, 현재는 광고심리와 소비자행동연구 분야에서 활발한 연구들이
이루어지고 있다.

  광고심리학에 자기감시 척도를 적용한 Snyder와 DeBono(1985)는 소
비자 제품들의 맥락에서, 자기감시가 낮은 사람들은 위스키의 맛, 샴푸
의 세척능력 및 오디오 카세트의 소비와 같은 제품의 질과 연관된 차원
들에 관심이 있다고 제안하였다. 그래서 고유한 질들과 제품의 이득들에
초점을 둔 질에 기초한 광고들(quality-based advertisements)은 특히 자기
감시가 낮은 사람들에게 효과적이다. 반대로, 자기감시가 높은 사람들은
위스키를 사용하거나 위스키가 제공하는 이미지와 같은 제품의 자기 현
시적 중요성에 관심이 있다. 그러므로 제품을 사용함으로써 만들어지는
인상들에 둔 이미지에 기초한 광고들(image-based advertisements)은 자
기감시가 높은 사람들에 특히 효과적인 경향이 있다.

  이처럼 자기감시의 개념은 사회적 상황과 대인 관계적 맥락에서
개인의 행동을 이해하는 데 좋은 척도가 될 뿐 아니라 이미지 광고
와 속성 광고의 효과에 있어서 개인간의 차이를 연구하는 데 적용될
수 있다.(Attridge & Snyder, et al, 1989; Bearden, Shuptrine, et al,
1985; Shavitt, Lowery, & Han, 1992)

  자기감시가 낮은 집단은 자신이 가지고 있는 성향, 태도, 가치 등
에 따라 행동하는 반면에, 자기감시가 높은 사람은 제품 사용을 통
하여 사회적인 상황에 자신의 이미지를 투사하려고 한다. 따라서 자
기감시가 낮은 사람은 물건을 구입할 때, 녹음기의 음질, 자동차 연
비, 샴푸의 가격 등 제품의 속성(product quality)에 많은 관심을 가
진다.

  그러므로 제품의 속성과 이점을 강조한 광고(quality-based advertisements)
가 자기감시가 낮은 소비자들에게는 효과적이다. 반면에 자기감시가
높은 사람은 물건을 구입할 때, 제품과 관련되어 나타날 수 있는 이미
지에 관심을 가진다. 따라서 제품을 사용함으로써 창조하는 이미지에

초점을 맞춘 광고(image-based advertisements)가 자기감시가 높은 사람에게는 효과적이다.

다른 연구결과를 보면 자기감시가 높은 사람들은 공식적 자의식(Fenigstein et. al, 1979)과 패션의식(Hirschman & Adcock, 1978)에 높게 반응하였으며, 낮은 사람들은 낮게 반응하였다. 또한 이러한 특징은 이미지 지향적인 광고를 했을 때 자기감시가 높은 사람들은 호의적으로 반응했고, 낮은 사람들은 제품지향적인 광고를 호의적으로 평가했다.

Ajzen과 Timko 및 White(1982)의 태도, 의지, 실제행동들의 연계성에 관한 연구에서는 자기감시가 낮은 사람들이 자기감시가 높은 사람들보다 태도, 행동의지, 행동사이에 강한 일치를 보이는 경향이 있었으나 행동으로부터 의지 예측가능성에는 차이가 없었다. 따라서 자기감시가 높은 집단, 낮은 집단 모두 태도·행동의 일치를 똑같이 인식하나 자기감시가 높은 집단이 낮은 집단에 비해 미리 형성된 의도를 덜 성취한다고 하였다.

Ickes와 Barnes(1978)는 자기감시가 높은 집단은 사람과의 상호작용에서 대화를 먼저 시작함으로써 사회적 대면을 리드한다고 하였다. Ludwing와 Malloy(1986)는 자기감시가 높은 사람들은 자기개방의 수준이 높아 대인친교과정에서 외향적이고, 사교적이며, 진취적인 모습을 나타내는 방법으로 이용하는 성향이 크다고 했다.

Snyder와 Gangestad, Simpson(1983)은 자기감시가 높은 사람은 특별한 사람들과 활동을 하는 사회적 세계를 선호하며, 그들의 파튼 선정은 그 활동영역에서 유능함, 전문성에 기인하는 반면 자기감시가 낮은 사람은 활동분야에서 파트너 선정은 자신과의 동질성, 유사성에 기인한다고 했다.

또 자기감시가 높은 사람은 활동에 근거한 과업 지향적이며 자기감시가 낮은 사람은 감정에 근거한 사회동기적 지향이 강하다고 하였다.

Brinberg와 Plimpton(1987)은 제품의 가시성과 자기감시를 연구변인으로 하여 준거집단의 영향을 조사한 결과 자기감시가 높은 사람들은 사치품으로 지각되는 제품에 대해 규범적 영향이 크며 자기감시가 낮은 사람들은 필수품에 대해 규범적 영향이 큼을 발견하였다.

홍희숙(1988)은 자기모니터링과 유행의사 선도력에 관한 연구에서 자기감시가 높은 사람은 자기감시가 낮은 사람들보다 사회적 상호작용에서 의복을 중요시하며, 의복을 통해 집단에 수용, 소속되려 하고, 외모를 아름답게 보이려 하며, 자신을 과시하고, 사회경제적 지위와 신분을 나타내려 할 뿐 아니라 이성에게 매력적인 인상을 주려는 태도가 높다. 또한, 자기감시가 높은 사람은 유행정보사용정도도 낮은 사람보다 인적·비인적 정보원에 더 노출되어 있고, 다른 사람에게 유행에 관한 정보와 충고를 해줌으로써 의복착용이나 구매에 더 많은 영향을 미친다고 하였다.

따라서 자기감시가 높은 사람은 자기감시가 낮은 사람에 비해 유행정보원 사용, 유행의사선도력에 더 영향을 미치므로 자기감시가 높은 사람은 유행확산전략에 유용하게 활용될 수 있다고 보았다.

앞에서 말한 이러한 결과는 개인의 특성이 제품과 같은 것에 대한 태도에 영향을 미칠 수 있다는 것을 의미한다고 할 수 있다. 그러므로 그러한 제품 등과 관련된 것에 대한 자극을 개인에게 주었을 때에는 개인의 특성을 고려해야 한다는 것을 의미한다. 이외에도 자기감시 개념은 우정, 애정관계, 이해심리, 대인선택, 정신병리학 영역에도 확장되어 연구되고 있다.

3) 제품속성평가와 추구혜택

(1) 제품속성평가

속성(attribute)이란 어떤 대상이 가질 수도 있고 갖지 않을 수도 있는 특성을 말하며(임종원 외 3인, 1994) 제품 구입 시 고려되는 상품의 특성을 뜻한다. Myers와 Aalpert(1968)는 실제 구매자의 의사결정과 직접 관계되는 평가기준을 '결정적 속성'이라고 하였다. 제품속성은 어떤 제품을 구성하는 여러 가지 특성을 뜻하며, 기본적인 제품속성으로는 디자인, 색, 무늬, 소재, 바느질, 가격, 상표, 관리, 편리함 등이 있다. 제품의 속성은 제품 구매 시 평가기준이나 선택기준 또는 상표이미지 속성(김혜정, 임숙자, 1992)으로 연구되어 왔다.

일반적으로 제품속성은 내적기준과 외적기준으로 분류되며, 내적기준은 심미성과 실용성을 기준으로 구분된다. 따라서 유행, 스타일, 색상 등은 미적 차원으로 옷감, 바느질, 편리성, 관리성 등은 실용적 차원으로 외적기준에는 상표, 가격 등이 포함된다.(이명희, 1995)

Eckman(1990)은 27개의 의복속성을 본질, 비본질의 개념에 따라 분류하였으며, 고애란(1994)은 청바지의 평가기준을 내재적 기준과 외적 기준으로 분류하였는데 이는 Eckman의 본질적, 비본질적 개념과 같은 것이다. 즉 색상, 소재, 바느질, 디자인 등은 내재적 기준으로 가격, 상표명 등은 외적기준으로 분류하였다. 김미영·이은영(1991)은 의복평가기준을 상품에서 추구하는 추구이점(benefit) 수준의 특성과 추구이점을 형성하는 구성요소 수준의 특성, 그리고 이 두 가지를 이어주는 중간적 연결수준의 특성으로 나누었다. 구성요소의 평가기준은 객관적으로 측정이 가능한 의복속성이며 의복의 스타일, 색상, 소재, 조직, 재단과 봉재, 무늬, 부속품, 치수 등이 포함된다. 즉 속성과 혜택은 서로 밀접한 관계로 하나의 속성은 다양한 혜택으로 연관될 수 있으며, 여러 개의 속성으로 하나의 혜택을 동시에 추구할 수 있다.

류은정(1997)은 의복속성에 따라 소비자를 기능적 속성 중시집단, 디자인 속성 중시집단, 다차원 속성 중시집단으로 분류하였다.

장연화(1981)의 연구에서는 소비자가 의복 구매 시 중요하게 여기는 의복속성으로 평상 외출복과 정장의 경우 디자인이 가장 중요시되었으며, 홈웨어의 경우는 색상과 디자인이 가장 중요한 속성으로 나타났다. 임숙자(1992)의 연구에서도 스타일과 색상을 포함하는 디자인이 중요시되었고, 이선재(1996)의 연구에서는 청바지의 경우 디자인과 가격이 중요시되었다.

즉 의복의 속성 중에서 가격, 바느질, 스타일, 소재, 색상 등은 비교적 많이 연구되는 속성이며, 의복속성의 평가는 주로 디자인과 색, 스타일이 중요시되었으며, 의복의 종류에 따라 의복속성 평가에 차이가 있음을 알 수 있었다.

(2) 추구혜택

추구혜택(benefit)은 소비자들이 특정제품의 속성과 관련하여 주관적으로 느끼게 되는 요구(need)나 욕구(want)로서 제품사용과 관련하여 원하는 주관적 보상 또는 기대하는 긍정적인 결과라고 할 수 있다(Peter & Olson, 1987). 제품에 대한 추구혜택은 소비자가 제품과 관련하여 얻고자 하는 긍정적 결과이며, 속성에 대한 결과물이라고도 볼 수 있다. 소비자가 어떤 제품을 구매하는 이유는 바로 제품에서 얻고자 하는 혜택 때문이며, 그 혜택은 언제나 일정한 것이 아니라 제품을 사용하는 상황과 소비자 특성에 따라 달라질 수 있다(류은정, 1997). 이러한 관점에서 혜택은 종래의 선행연구에서는 구매 시 평가기준이나 구매동기로 같이 사용되었던 제품속성 문항과 구별하여 평가하는 것이 필요하다(Shim & Bickle, 1994).

원선(1987)은 여성의복 구매자 집단을 유행, 개성, 실용성, 심미성, 정숙성, 브랜드인지 및 신분 상징성 등의 의복변인에 의해 혁신적 심미추구형, 브랜드 신분상징 인지형, 무관심형으로 분류하였으며, 분류된 집단들은 라이프스타일, 인구통계학적 특성 및 자주 구매하는 브랜드 유무에서 차이를 보인다고 하였다. 김미영·이은영(1992)은 의복추구혜택을 유행성, 신분 상징성, 실용성, 경제성으로 분류하였다. Shim & bickle(1994)은 추구혜택의 구조를 조사한 결과 자기개발, 사회적 지위, 성적매력, 여성스러움, 유행성, 기능성, 편안함, 역할정체성, 체형의 결점보안, 개성, 성숙하고 세련된 외모의 9개 차원을 도출하였다.

그밖에도 추구혜택에 대한 차원으로는 직업상징성(강지혜, 1994), 브랜드 가치, 활동성, 품질(고애란·홍희숙, 1995), 상징·심미적 편익(박혜원, 1996), 사회적 안정성(류은정, 1997) 등이 연구되었다.

즉 연구에 따라 추구혜택 차원이 다르게 도출되었으나, 대체로 브랜드 가치, 유행, 경제성, 실용성, 개성, 심미성의 추구에 대한 내용이 연구되었으며, 구입하는 제품 품목에 따라 소비자의 추구혜택 차원은 다른 것으로 나타났다.

2. 수입브랜드에 대한 소비자행동

1) 소비자 특성

수입브랜드를 선호하는 소비자들의 특성을 관련 연구들을 통해 사회 인구학적 특성, 과시 소비적 태도로 나누어 알아보면 다음과 같다.

(1) 사회 인구학적 특성

유명상표 및 외제상품선호 성향을 조사한 연구에서는 소득수준이 높을수록 유명상표 및 고급상점을 더 이용하며, 소득 및 교육수준이 높을수록 외국상품을 더 많이 선호하는 경향을 보였다. 또 부모의 교육수준이 청소년의 소비성향에 정적인 영향을 미치고 있어, 어머니의 교육수준이 높을수록 소비성향이 높게 나타났다.(강태형, 1986; 허병상, 1988; 송은경, 1997) 이는 부모의 교육수준이 높을수록 청소년의 유명상표에 대한 선호가 높아질 수 있는 가능성이 많은 것으로 추측된다.

우리나라에서 소비자 구매행동을 유형별 소비형태에 관해 연구한 이미영(1991)과 황정선(1990)은 학력과 소득이 높아질수록 과시소비 성향이 높게 나타나고 있다고 설명하였다. 특히 청소년을 대상으로 한 연구에서는 가계소득이 높을수록, 월평균 용돈이 많을수록 소비 성향이 높게 나타났다.(박철, 1995; 김문희, 1995)

직업과 소비성향과의 관계를 보면 부모의 직업이 블루칼라인 가정보다 화이트칼라인 경우 상징적인 소비를 중요시하고, 전문직일수록 소비 성향이 많고, 유명상표에 대한 선호도가 높았다.(Moore & Stephens,

1975; 박철, 1994; 이미용, 1991) 성별차이에 따른 소비행동을 연구한 결과에 따르면 남학생이 여학생보다 제품을 구매할 때 자아를 표출하고 자 하는 사회적 동기가 강해 과시소비성향이 높고, 유명상표에 대한 선 호가 많은 것으로 나타났다.(Moschis & Churchill, 1978; 김문희, 1995)

연령과 가족생활주기에 따라 소비성향이 달라진다는 결과들을 보면, 연령이 높아질수록 지위에 대한 고려를 많이 하므로 과시소비가 많아지 는 성향을 보였고, 가족의 생활주기가 길어질수록 소비성향이 높은 것 으로 나타났다.(백경미, 1995; 이미영, 1991; Mammen & When, 1987) 이러한 결과에서 수입상표에 대한 선호가 높아질 것을 예측할 수 있다.

(2) 과시 소비적 태도

편세린(1997)은 소비성향에 영향을 미치는 변수를 살펴보았는데, 소 비 지향적 태도, 대중매체의 영향, 광고 수용도, 소비에 관한 친구와의 의사소통 정도, 성별, 자아 존중감, 월평균 용돈액수, 학년 순으로 소비 성향이 높게 나타났다. 즉, 소비 지향적일수록 과시소비성향이 높아지 고, 자아존중감이 낮을수록, 월평균 용돈액수가 많을수록, 학년이 높아 질수록 소비 지향적 태도가 촉진되어 소비성향이 높아진다고 하였다.

석봉화(1997)는 과시소비성향에 미치는 영향에 관한 연구에서 물 질주의적 가치가 강할수록, 소비 지향적 태도가 높을수록, 여학생보 다 남학생이, 용돈이 많을수록 높게 나타났다.

Caplovitz(1967)는 소비 지향적인 태도를 지닌 소비자일수록 내구 재의 구매에 있어서 중고품보다 신제품을, 싼 모델보다 비싼 모델을 사고 싶어 하고, 소득이 낮음에도 불구하고 소비의 욕구가 크기 때 문에 비효율적인 소비를 한다고 하였다. 즉, 소비 지향적 태도가 높 을수록 새롭고 비싼 유명브랜드의 제품을 선호하고 비효율적인 소비 행동을 한다는 것이다.

한편, 물질주의적 성향이 클수록 충동구매의 비합리적인 구매를 하게 되고 따라서 소비량도 많아진다고 하였다.(Moschis & Churchill, 1978; 이의자, 1992; 박철, 1993) 이러한 선행연구의 결과를 볼 때 소비 지향적 태도를 가진 소비자는 과시소비성향을 갖고 있어서, 유명브랜드의 제품을 선호할 것으로 보인다.

김문희(1995)는 중학생이 고등학생보다 준거집단의 영향을 더 많이 받아 중학생이 고등학생보다 소비성향이 높다고 하였다. 반면에 연령이 높을수록 지위에 대한 고려를 많이 함으로써 연령과 과시소비와의 정적관계를 주장한 연구도 있다.(Cunningham 외 2인, 1974)

백경미(1995)는 도시주부를 대상으로 한 연구에서 과시소비에 영향을 미치는 변수들의 상대적 영향력을 물질주의 성향, 준거집단의 영향, 자아존중감, 남편의 직업 순으로 설명하고, 준거집단의 영향력이 많을수록 소비성향이 높다고 하였다. 즉, 친구나 이웃 등의 준거집단의 영향이 소비성향에 영향을 미쳐 친구나 이웃의 영향을 많이 받을수록 소비성향이 높아진다고 하였다.

이미영(1991)은 준거집단이 과시소비성향에 영향을 미치는 요인이며, 고소득층을 추종할수록, 유명상표로 과시하고 싶을수록, 이웃의 선호상표를 구입할수록, 과시소비성향이 강하다는 것을 밝혔다.

송은경(1997)의 소비성향에 대한 연구에서 나타난 관련 변수의 영향력을 살펴보면, 친구의 영향, 우상의 영향, 학교교육의 영향, 광고수용도, 부모의 교육태도 순으로 나타나 친구의 영향을 많이 받을수록, 우상의 영향을 많이 받을수록, 학교교육의 영향을 적게 받을수록, 광고의 수용도가 높을수록, 부모의 교육태도가 허용적일수록 과시소비성향이 높았다.

이상과 같이 선행연구를 고찰해 본 결과 인구학적인 변수인 소득, 학력, 직업, 성별, 소비 지향적 태도, 준거집단이 소비성향에 미치는 영향력은 매우 크다는 것을 알 수 있었다. 이는 수입브랜드들이 대

량으로 유입되는 현 실점에서 볼 때 소비자들의 다양한 욕구를 충족을 위한 수입브랜드 선호도는 더욱 높아질 것으로 예상된다.

2) 수입브랜드 선호와 관련된 선행연구

소비자들의 특정 브랜드 선호에 관한 선행연구들을 살펴보면 다음과 같다.

Banks(1950)는 7개 제품품목에 대해 상표선호, 구매의도 및 실제 구매와의 관계를 분석하였는데, 그 결과 상표선호는 구매의도와 관계가 있으며, 대상자 96%가 자기가 좋아하는 상표를 구매의도에 포함시켰다. 상표의 선호는 미래의 구매를 가능하게 하며, 어떤 상표를 구매하겠다는 의도를 나타낸 집단의 15%만이 그들이 말한 상표와 다른 것을 구매하였다. 이와 같이 상표충성도는 상표선호로부터 시작되는데, 소비자가 어떤 특정상표에 대해 호의적인 태도를 가지고 있다면 그 상품을 구매하는 태도 및 행동 간에는 밀접한 관계가 있다. 우리나라 20-30대 여성소비자 대부분이 수입브랜드에 대해 호의적인 태도를 가지고 있으므로 구매율은 높고, 경제생활을 하는 주체이므로 구매율이 높게 나타날 것을 예측할 수 있다.

Keegan(1980)은 소비자들의 외래상표에 대한 태도는 고정적이며, 외래상표라는 이유만으로 선호한다고 하였다. 이는 우리나라의 경우에도 같은 현상이 나타나고 있다.

이우용(1980)은 실험적 기법을 사용하여 한국 소비자가 갖고 있는 외래품에 대한 편견을 측정하고, 선정된 나라의 제품에 대한 일반적인 인상을 조사한 결과, 한국 여성들은 선진국 제품에 대해서 긍정적인 편견을 갖고 있다고 하였다. 김문숙(1982)은 소비자들은 구매 시 상표에 관심을 가지며, 외국상표를 선호하는 이유는 가격에 비하여 품질이 좋기 때문이 아니라 상표이미지 때문이며, 나이와 소득, 학력이 높을수록 외제를 선호한다고 하였다.

이유리(1995)는 소비자들이 객관적인 비교와는 무관하게 외제를 선호하는 경향이 있다고 하였고, 국내상표들이 외국어로 표기되어 있는 것이 많기 때문에 상표 식별력은 낮다고 하여 단순히 수입상표가 주는 상표의 위신성은 그 선호도에 영향을 미친다고 하였다. 고애란(1994)은 국내 외국상표 청바지의 평가기준에 관한 신념을 조사한 결과 국내상표 구매 의도가 높은 사람은 상표인지가 낮고, 신분상징성을 중요시하지 않았으며, 수입상표에 대한 구매의도가 높은 사람은 상표인지가 높았다. 그리고 실제구매는 국내상표가 더 많으나 수입상표를 더 높이 평가하였다.

김유성(1996)은 교육이나 소득수준은 수입상표 선호도에 있어 무관하다고 하였고, 홍금희·김찬주(1997)의 성별에 따른 외제품 선호경향을 살펴보면 여자가 남자보다 외국제품에 호의적인 태도를 나타내었다.

안소연(1996)은 자민족 중심주의 성향이 강할수록 외국상표에 대하여 배타적이라 하였고, Hong, Wyer(1989)와 Dickerson은 원산지의 중요성이 제품평가에 영향을 미친다고 하였으나 Mclean, Roper, Smothers(1986)는 의류를 구매한 소비자를 대상으로 조사한 결과 가격, 색상, 기능, 스타일이 제품의 원산지보다 선행한다고 하였다.

특히 1990년 이후의 상표 선호도 연구결과를 보면, 국내상표보다 외국상표를 더 선호하는 것으로 나타나 소득수준의 향상에 따라 가격과 내구성을 중시하던 구매 관습에서 벗어나 색상이나 유행성 등과 같은 상품의 외형을 중시하는 경향으로 흐르고 있음을 알 수 있다.(김성환, 1993)

위의 선행연구들을 볼 때, 국내 소비자들은 대체적으로 수입브랜드 제품이 자신을 더 돋보이게 하고, 디자인이나, 품질이 국내제품에 비해 좋다고 평가해 수입브랜드의 선호도가 높음을 알 수 있다.

3. 수입브랜드 현황

1) 수입브랜드 시장 현황

브랜드 수가 증가하면서 브랜드의 경쟁이 심화되고 제품의 기술 수준이 평준화되면서 제품의 차별화는 어려워지기 시작했으며, 소비자의 경우 브랜드 수의 증가로 선택의 폭은 넓어졌으나 평가능력이 취약함으로써 브랜드의 명성이 자신에게 맞거나 지향하고 싶은 바를 소구할 수 있는 브랜드를 구매함에 따라 기업은 브랜드 차별화, 브랜드 이미지 창출 및 유지를 위해 브랜드 관리에 관심을 갖게 되었다(김시원, 1998).

이를 위해서 시장에서 브랜드는 제품의 질, 서비스, 브랜드의 이미지를 지키기 위해 많은 돈과 시간을 투자하고 있으며, 이는 소비자에게 높은 인지도와 강력한 연상 작용에 의해 경쟁우위를 지키는 수단이 되고 있다.

우리나라 소비자들은 전통적으로 브랜드 파워를 전략적으로 이용한 외국의 브랜드에 대한 선호가 높은데, 주로 수입브랜드에 대한 선호가 높다.

일반적으로 소비자들은 브랜드 파워를 가진 시장선도 브랜드에 대해 높은 애호도를 가지며, 많은 브랜드들 중에서 자신에게 맞거나 지향하고 싶은 바를 소구할 수 있는 브랜드를 구매한다. 이를 위해 기업들은 브랜드의 인지도를 높이기 위해 지속적인 투자와 노력을 하고 있다. 특히 90년대 들어서면서 소비문화는 대중화, 고급화, 대형화의 변화를 겪으며 이에 부합하는 상품을 원하게 되었고 고급스럽고 상표 이미지가 좋은 외국 상품이 적절히 대응해 왔다(이유리, 1995).

잡화류에 대한 관심이 높아지면서 수입 잡화의 유입은 급속도로 증가하고 있고, 어느 시장보다 경쟁이 치열하다. 고가 상품에 국한되어 오던 수입의류와 잡화는 소구력이 있는 가격 정책과 독특한 감각으로 젊은층의 감각파를 대상으로 급속하게 내수시장을 위협하고, 수입 대상국도 유럽 위주에서 미국, 홍콩, 동남아 지역으로 다원화되고 있다. 이제는 수입상표가 특정 소비층의 전유물이 아닌 다양한 연령층의 대중적인 제품으로 정착되어 가고 있는 상황이라고 할 수 있다.

IMF이후 불경기 속에서 총체적인 위기를 맞은 경제 속에서도 소비는 양극화 현상이 나타났다. 이에 따른 수입브랜드에 대한 관심도가 다시 급증하고 있어 지출이 빠른 속도로 증가하고 있다. 우리나라에 들어온 수입브랜드들 중에서 캘빈 클라인(Calvin Klein), 피에르 가르뎅(Pierre Cardin), 구찌(Gucci), 크리스천 디올(Christian Dior) 등 유명 패션브랜드들은 의류, 넥타이, 양말, 가방 등 자신의 이미지를 잘 나타낼 수 있는 수많은 제품들에 자신의 상표명을 라이센싱하여 큰 수입을 올리고 있다(안광호·이진용, 1997).

1980년대 초반기부터 시작된 해외 브랜드의 라이선스 허용에 따라 꾸준히 증가한 의류도입은 수입시장을 더욱 확대하였으며, 지금의 성장세를 바탕으로 앞으로 수입시장은 대중화될 것으로 전망된다. 수입시장은 의류에서 잡화류까지 포진되어 있고 내수시장에서는 안정된 고객층을 형성하였다. 한국이 일본시장에 버금가는 중요시장으로 부상함에 따라 해외브랜드들의 직접 진출이 적극적으로 이루어지는 상황이며, 수입패션상표 브랜드 간의 치열한 경쟁이 예고된다.

우리나라에 진출한 수입브랜드는 라이선스형태와 직진출 브랜드로 나눌 수 있다. 내수시장에서 수입브랜드의 포지션이 커지고 있는 지금 직진출 브랜드와 IMF이후 국내브랜드의 소구력이 약해지자 수입브랜드들의 도입이 많아지고 있는 현실이다.

2) 수입 잡화류 도입실태 및 현황

패션이라는 개념이 일상생활에서 자연스럽게 스며들고 수입브랜드
들이 대량 유입되면서 성장기를 맞이한 국내 수입시장은 많은 변화
를 가져왔다. IMF이후 더욱 공고해진 시장과 경제악화에도 막강한
소비층에 대한 확신 때문에 그동안 뜸하던 신규브랜드의 출시가 늘
고 있는 것이다. 각 브랜드마다 내수시장에서 안정된 고객층 형성으
로 상승세를 타고 있는 수입브랜드들은 공격적인 목표를 가지고 다
양한 이벤트와 직매장에 대대적인 투자로 성장기를 맞고 있다(섬유
저널, 2000. 2. 1).

시장을 주도하는 명품 브랜드존이 직진출 브랜드라면 이외에 의류
를 중심으로 한 패션브랜드들은 에이전트가 운영하는 브랜드들이 주
도하고 있다. 그러나 점점 국내시장의 수입브랜드들의 포지션이 커
지면서 에이전트 업체들의 자리는 빼앗길 가능성이 높아지고 있다.
이는 직진출 업체들의 공격적 마케팅을 당해낼 수 없기 때문이다.
직수입브랜드는 본사에서 막강한 자금으로 밀어주고 중장기적으로
투자하지만 에이전트들은 역시 투자의 한계가 있어 경쟁력에서 뒤떨
어진다. 일반적으로 브랜드들은 자신의 브랜드를 소비자에게 인지시
키기 위해 미디어, 생산비용, 이벤트와 프로모션의 비용을 광고비로
지출한다. 주로 소비자들과의 커뮤니케이션 방법에는 카탈로그 제작,
잡지를 통한 광고, 패션쇼, 전시, 이벤트(파티), 쇼룸을 통한 프레젠
테이션, 매장구성, 인터넷 등을 통한 여러 가지 방법이 있다. 카탈로
그 제작이나 잡지광고를 통한 광고 방법은 새로운 컬렉션의 모든 이
미지를 알릴 수 있는 가장 종합적인 방법이며, 항상 이벤트적인 성
격을 띠고 있어 언론과의 접촉으로 홍보의 효과가 크다.

요즘 부각되는 방법으로는 이벤트 행사로써 파티를 들 수 있다.

브랜드의 새 컬렉션을 홍보해 줄 수 있는 핵심적인 사람들을 초대해 브랜드, 회사의 컨셉에 맞춰 다양한 형태로 기획될 수 있으므로 점점 중요해지는 방법이다. 또 다른 방법은 매장을 통한 직접적인 소비자들과의 접촉과 회사 이미지 전달이다. 이제 더 이상 매장은 '제품을 팔기 위한 단순한 장소'가 아니다. 샵을 통해 현재의 패션 트랜드도 읽고 소비자들에게 정보를 전달하며 문화의 한 공간으로 이용할 수 있는 장소로 바뀌어 가고 있는 것이다. 더 나아가 엔터테인먼트까지 겸하는 매장도 늘고 있다.

다른 방법으로 인터넷을 통한 방법을 들 수 있다. 소비자들이 점점 인터넷을 많이 이용하면서 이를 이용한 홍보활동들이 더욱 활발히 연구되고 있다. 매장에서 현재 진행되고 있는 패션쇼를 동시에 같은 시간에 모니터를 통해 볼 수 있도록 계획한다(섬유저널, 2000, 7).

수입 잡화의 경우 약 70%이상이 각종 미디어 즉, 대중매체로 지출되며, 30% 정도가 이벤트나 프로모션 비용으로 들어간다.

유통면에서도 「루이비통」「샤넬」「까르띠에」「버버리」등 명품 브랜드들 매출이 99년 전년대비 50%~100%로 신장했고 다음 순위의 중견 브랜드들은 20~30%로 신장했다. 이런 확장세로 미루어 오리지널리티에 눈을 뜬 소비자들은 의류나 가전제품에서 보석, 핸드백 등 잡화류로 이전하는 추세이고, 이 시장의 규모는 점차 확장추세에 있다(섬유저널, 2000. 2). 이러한 움직임은 국내시장에도 큰 영향을 미쳐 소비자의 구매행동에 큰 영향을 줄 전망이다.

아래 <표 1>은 우리나라 20-30대 소비자들이 선호하는 브랜드를 정리한 것이다.

<표 1> 20-30대 여성의 선호 수입브랜드

선호 브랜드	20대	30대
1위	프라다	질샌더
2위	질샌더	프라다
3위	안나몰리나리	루이비통

자료원: 섬유저널, 2000. 7, P 126

한편, 일본시장에서의 수입브랜드에 대한 아이템별 마켓쉐어를 살펴보면 여성의류가 30.6%, 가방 30.0%, 남성의류 18.7%, 구두 12.5%, 스카프 3.1%, 넥타이 2.9%, 레더와 벨트가 각각 0.9%, 베이비웨어와 장갑이 각각 0.2%로 나타났다. 일본여성의 선호 수입브랜드의 경우 이탈리아, 프랑스, 영국, 독일의 유럽 브랜드들이 10위 내에 포진해 있다.<표 2>

이렇게 국내시장의 수입브랜드에 대한 포지션이 커지고 있는 지금, 수입 잡화시장 시장규모, 가격별 특징, 유통채널을 살펴보면 다음과 같다.

<표 2> 일본 여성의 수입 여성의류 브랜드 선호도

순 위	브랜드명	국 가
1	막스마라	이탈리아
2	아네스베	프랑스
3	베네통	이탈리아
4	크리지아	이탈리아
5	샤 넬	프랑스
6	에르메스	프랑스
7	로라 아슈레이	영 국
8	에스까다	독 일
9	셀린느	프랑스

자료원: 야노경제연구소, 1998

(1) 시장규모

<표 3>에서 제시된 바와 같이 직수입브랜드의 시장규모는 IMF이후 40%이상 신장 속에서 일부 브랜드는 70%에 이르는 빠른 성장을 보이고 있다. 1997년 이후 의류부분의 비율은 점점 줄어들고 장신잡화나 피혁잡화 부분은 늘어나고 있는 실정으로, 이는 수입 잡화시장의 성장이 갈수록 가속화될 것을 예측하게 한다.

<표 3> 국내 수입완제품 시장 규모

(단위: 백만 원)

복종 \ 년도	97	98	99	2000(추정치)
총 시장규모	2, 194, 678	1, 178, 831	1, 451, 019	1, 697, 594
여성복	379, 875	157, 562	205, 336	242, 532
남성복	246, 337	125, 731	158, 513	198, 141
스포츠&캐주얼	512, 296	330, 137	404, 697	485, 636
유아동복	16, 801	8, 351	9, 514	11, 416
이너웨어	109, 356	47, 024	55, 809	64, 180
액세서리류	146, 034	84, 853	119, 185	143, 022
피혁잡화	317, 498	159, 580	187, 431	215, 546
스포츠슈즈	257, 022	160, 505	160, 107	161, 000
섬유잡화	114, 373	60, 787	87, 822	100, 995
홈패션	95, 086	44, 301	62, 605	75, 126

자료원: 관세청 HS Heading NO.별 의류 수입 현황 기준

(2) 가격별 특징

백화점에서 팔리고 있는 가격을 중심으로 수입 잡화의 가격을 알아보면 <표 4>와 같다. 수입 잡화는 주로 백화점과 직매장을 통해

유통되므로 고품질에 더불어 프리미엄 가격을 형성하고 있다.

〈표 4〉 수입 잡화의 가격대

(단위: 원)

구 분	유통채널	가격대
가 방	백화점, 전문점	300, 000-2, 500, 000
시 계	백화점, 전문점	150, 000-2, 000, 000
안경, 선글라스	백화점, 전문점	230, 000-1, 800, 000
쥬얼리(반지, 목걸이)	백화점, 전문점	100, 000-600, 000

자료원: 1999-2000년 자료를 근거로 본인이 정리한 것임.

(3) 유통 채널 및 매출현황

수입 잡화류의 유통채널은 대부분이 백화점을 중심으로 하고 있으며, 소비자에게 인지도가 있는 브랜드들은 직매장을 운영하고 있다. 각 브랜드의 특성 및 직수입브랜드 현황, 유통채널과 매출현황을 요약하면 다음 표와 같다.<표 5, 부록 4 참조>

〈표 5〉 직수입 명품 브랜드 현황

브랜드명	도입국	업체명	형 태	도입시기	총매출액	유통망	유통망계획
루이비통	프랑스	루이비통코리아	직진출	1991년	250억	7개	8개
샤 넬	프랑스	샤넬코리아	직진출	1997년	110억	2개	4개
에르메스	프랑스	에르메스코리아	직진출		120억	3개	5개
페레가모	이태리	페레가모코리아	합작사	1993년	200억	8개	9개
프라다	이태리	프라다코리아	직진출	1997년	110억	6개	9개

브랜드명	도입국	업체명	형 태	도입 시기	총매 출액	유통망	유통망 계획
구 찌	이태리	구찌코리아	직진출	1989년	130억	7개	8개
크리스천 디올	프랑스	크리스천 디올 코리아	직진출		60억	2개	7개
셀린느	프랑스	셀린코리아	직진출	1987년		3개	
로에베	스페인	루이비통 코리아	직진출	2000년		1개	
팬 디	이태리	LAP	직진출	01년S / S			미 정
입셍로랑	프랑스		직진출	02년F / W			

자료원: 섬유저널, 2000 7, p179

① 쥬얼리(jewelry)

쥬얼리 마켓 역시 최고가 명품 쥬얼리들의 인기가 높아지고 있다. 브랜드들이 이루는 명품 쥬얼리 시장은 전체적으로 전년대비 50%이상 신장한 상태이다.(섬유저널, 2000, 7, p202) 「까르티에」「티파니」「쇼메」「불가리」브랜드의 쥬얼리는 지속적인 상승세를 타고 있고, 앞으로도 백화점에 입점 준비 중인 직수입브랜드 「피아제」「반클립」도 마니아층에서는 큰 호응이 있으리라 기대된다.

많은 직수입브랜드의 쥬얼리 마켓의 호항으로 세미 쥬얼리들도 국내 진출을 시도하고 있다. 「폴리폴리」「비체」「클리오블루」「아가타」등 스페셜리티와 퀄리티에 중점을 둔 이들 브랜드는 안착기에 접어들어 명품 못지않은 상품구성과 홍보로 매출과 이미지를 높여가고 있다.

그러나 역시 최고가존에서는 새롭게 등장하는 쥬얼리 브랜드보다 기존의 유명 명품 브랜드들이 쥬얼리 라인을 새롭게 런칭하는 것이 위협지수가 크다는 평가를 내리고 있다. 일례로 일본에서 「샤넬」이 쥬얼리 라인을 런칭한 것이 대표적인 케이스이다. 「크리스천 디올」

이나 「베르사체」 등 시계나 일부 쥬얼리들을 전개해 오던 브랜드들은 이미 명성에 맞는 일정 수준 이상의 퀄리티와 자금력을 보유한 만큼 이들이 쥬얼리 라인을 독립시키거나 확대 전개하는 것이 시장 내 더욱 큰 영향력을 가질 것이라는 분석이다.(섬유저널, 2000. 7)

② 백과 슈즈(bag & shoes)
직수입 핸드백부분은 명품존의 경우 작년대비 40%이상, 슈즈는 30%이상 신장세를 나타내는 가운데 수입과 내수브랜드 사이에 포지셔닝하는 브랜드들이 많아 시장은 더욱 붐빌 것으로 예상된다. 신발은 「발리」「아테스토니」가 꾸준히 인기를 끌고 있다. 신발의 구매고객도 20-30대로 연령이 낮아지고 있고, 남성 슈즈의 매출도 꾸준히 증가하고 있다. 핸드백 시장도 국내시장에서 성공할 수 있는 브랜드들을 찾기 위해 노력 중이며, 올해 런칭을 준비하고 있는 브랜드도 10개 정도 된다.(섬유저널, 2000. 7)

③ 헤어 액세서리와 시계(hair accessories & watch)
수입시계와 헤어 액세서리는 명품 쥬얼리와 함께 백화점 내 고효율 고신장 아이템으로 각광받고 있다. 시계 마켓의 선두주자들 역시 명품 브랜드들로 토틀 지향의 브랜드에서는 쥬얼리와 함께 시계를 상품으로 구성하고 있다. 「샤넬」「까르띠에」「쇼메」「티파니」「에르메스」 등이 해당되며, 패션시계의 개념이 강한 「아르마니」「펜디」의 경우 가격대가 수십만 원대에 이른다.
「로렉스」「태그호이어」「IWC」「오메가」 등 세계 전문 시계 브랜드의 가격은 위의 토틀 명품 브랜드의 가격을 훨씬 호가하지만, 이들 브랜드는 100% 마니아 구매와 예물비중이 높다. 이들 시계의 매출도 IMF 체제 이후 점진적인 성장을 하고 있다.
유명 해외 브랜드들의 경우 전체 상품 구성에서 시계가 차지하는 비중은 평균 10-20%이다. 시계가 유명한 대표적인 브랜드 「구찌」의 경우 22-24%의 비중으로 레더라인 다음으로 단품으로는 가장 큰 비중을 차지한다. 또한, 2-3년 전부터 10-20대 초반을 중심으로 선풍적인 인기를 끌었던 수입 캐주얼시계 브랜드인 「G-SHOCK」「스와치」「CK」도 꾸준히 시장 확장을 하고 있다.

　헤어 액세서리는 4-5개 브랜드들이 선두에 위치해 있고, 「올리비에」가 선두에 있다. 작년 한 해 동안 115억 원 이상의 매출을 기록하고 있으며, 올해도 20-30% 신장했다. 국내 소비자 입맛에 맞춘 기획과 유일하게 부틱를 운영함으로 명품 브랜드의 확고한 이미지를 구축하고 있다.

Ⅲ. 연구방법 및 절차

1. 연구문제 및 용어정의

1) 연구문제

본 연구에서 실증조사를 위한 연구문제는 다음과 같다.

연구문제 1. 20-30대 여성의 자기감시에 따른 수입 잡화 구매특성
의 차이를 알아본다. 구체적으로 20-30대 여성의 자기감시
에 따른 수입 잡화 제품속성 및 추구혜택, 구매행동의
차이를 알아본다.

연구문제 2. 20-30대 여성의 수입 잡화에 대한 구매행동을 알아본다. 구
체적으로 수입 잡화 구매요인, 구매 장소, 구매량과 소유량,
선호 브랜드 등을 알아본다.

연구문제 3. 20-30대 여성의 수입 잡화 이미테이션 구매행동을 알아본
다. 구체적으로 수입 잡화 이미테이션 구매경험과 구매이유,
구매 장소, 선호도 및 사용여부 등을 알아본다.

연구문제 4. 20-30대 여성의 인구 통계적 변인에 따른 수입 잡화 구매
특성의 차이를 알아본다. 구체적으로 20-30대 여성의 인구
통계적 변인에 따른 수입 잡화 제품속성 및 추구혜택, 구
매행동의 차이를 알아본다.

2) 용어정의

본 연구에서 사용된 주요 용어들을 정의하면 다음과 같다.

자기감시 - 자기감시는 사회적 상황에서 언어적·비언어적 자기제시
　　　　들을 관리 또는 모니터하는 것을 의미한다.

제품속성평가 - 제품이 갖고 있는 성질로 소비자가 느끼는 기준에
　　　　의해 보통 내재적 기준(상징성, 심미성)과 외재적 기준(경제
　　　　성, 품질성)으로 나눈다.

추구혜택 - 추구혜택(Benefit)은 소비자들이 특정제품의 속성과 관련하여
　　　　주관적으로 느끼게 되는 요구나 욕구로서 제품사용과 관련하
　　　　여 원하는 주관적인 보상이나 긍정적인 결과라고 할 수 있
　　　　다(Peter & Olson, 1987). 본 논문에서는 실용성추구, 동
　　　　조성추구, 상표추구, 유행추구, 어울림추구 혜택으로 나
　　　　누어 조사하였다.

패션잡화 - 의복과 패션잡화, 액세서리류 등을 포함한 제품군으로 이
　　　　논문에서는 가방, 시계, 선글라스, 반지, 목걸이의 아이템으
　　　　로 제한하였다.

2. 설문지의 구성

본 연구의 설문지는 크게 ① 자기감시를 묻는 문항 ② 수입 잡화
의 제품의 속성을 묻는 문항 ③ 수입 잡화의 추구혜택을 묻는 문항

④ 수입 잡화에 대한 구매행동을 묻는 문항 ⑤ 인구통계학적 변인을 위한 문항, 다섯 부분으로 구성되어 있다. 설문 문항은 연구목적에 따라 선행연구의 문항을 수정·보완하였으며, 선행조사를 통해 문항을 개발하여 사용하였다.

1) 자기감시에 관한 문항

자기감시의 측정도구는 Snyder가 개발한 자기보고(self-reported) 형식의 25문항을 Ganyestad와 Snyder가 재검토한 총 18문항의 진위형 (true / false) 자기감시 측정도구(self-monitoring scale)가 선정되었다. 측정방법은 "예"는 1점을 주고, "아니오"에는 0점을 주어 9점 미만은 자기감시가 낮은 집단으로, 9점 이상−18점은 자기감시가 높은 집단으로 측정하였다. 문항은 문항배열, 어휘 등에 이상이 없음을 확인한 후 예비조사를 거쳐 본 조사에 사용되었다. 이 측정도구에 대한 신뢰도는 Cronbarch Alpha(α=.747)에 의해 검증되었다.

2) 수입 잡화의 제품속성을 묻는 문항

수입 잡화에 대한 소비자의 평가태도를 알아보기 위해 고애란(1991), 장은영(1997), 박혜원(1991), 김숙경(1997)의 선행연구를 토대로 제품에 대한 속성을 내적 기준(심미성, 상징성)과 외적 기준(경제성, 품질성)으로 나누어 예비조사를 거쳐 총 8개 문항으로 작성했다. 측정방법은 각각의 문항에 수입 잡화의 제품속성을 5점 평정척도로 평가하였다.

설문지에서 상징성은 2, 6번, 품질성은 3, 4번, 심미성은 1, 5번,

경제성은 7, 8번 문항으로 구성하였다.

3) 수입 잡화에 대한 추구혜택에 관한 문항

이금실(1992), 김미영·이은영(1992), 김숙경(1997)의 연구에서 사용한 추구혜택 의복태도 문항을 수정, 사용하였다. 문항의 타당도를 검증받고 예비조사를 거쳐 본 조사에 사용되었다.

설문지에서 동조성 추구 문항은 3, 8, 9, 10, 17, 18번, 상표추구는 6, 7, 12, 13, 19번, 유행추구는 5, 11, 14, 20번, 실용성추구는 15, 16번, 어울림추구는 1, 2, 4번으로 구성하였다.

4) 구매행동에 관한 문항

구매동기, 선택 시 고려사항, 상표선택 결정요인, 구매 장소, 구매수, 잡화구입비, 의복 구입비, 제조국 확인의 문항을 포함시켜 구성하였다.

5) 인구 통계적 변인에 관한 문항

본 연구는 연령, 교육수준, 직업, 월평균 수입 등 일반적인 인구통계적 변인을 측정하였다.

3. 자료수집 및 분석방법

본 연구는 수입브랜드에 대한 구매율이 높은 서울에 거주하는 20-30대 성인여성을 대상으로 하였다. 예비조사는 2000년 9월 7일에서 9월 9일까지 40명을 대상으로 응답의 분포상황과 타당도를 알아보기 위해 실시하였으며, 이를 토대로 설문지의 문항을 수정, 보완하여 최종 설문지를 완성하였다.

본 조사는 2000년 9월 14일부터 9월 30일까지 실시되었다. 여성의 나이를 고려하여 서울지역에서 편의 추출하였다. 총 250부의 설문지를 배포하여 230부가 회수되었으나, 불성실한 응답이거나 문항을 잘못 이해한 설문지를 제외하고, 총 202부의 설문지가 자료분석에 이용되었다.

자료분석은 SPSS / PC를 이용하여 평균, 백분율, 빈도분석, 요인분석, t-test, 일원분산분석 등을 실시하였다.

Ⅳ. 연구결과 및 논의

1. 자기감시에 따른 수입 잡화 구매특성

1) 조사대상자의 인구 통계적 특성

본 연구에서 조사한 수입 잡화를 쉽게 접하고 구매할 것으로 예상되는 서울 지역의 조사대상자의 특성은 <표 7>과 같다. 90%이상이 서울지역 거주자였고 나이는 20-25세(23.8%), 25-30세(60.4%), 30세 이상(15.8%)이었다. 응답자의 50%이상이 월 평균 수입이 150만 원−300만 원 미만인 것으로 나타났고, 한 달 용돈으로 20만 원 이상−40만 원 미만을 지출하고 있었다.

직업은 회사원, 전문직 종사자 등 직장여성 54.9%, 학생 24.8%, 주부 14.4%의 순으로 나타났고, 교육수준은 대학 졸업 이상이 80.2%로 대체로 높은 편이었다.

<표 6> 조사대상자의 인구통계학적 특성

N =202

구 분		빈 도	백분율(%)
나 이	20-25세	48	23.8
	26-30세	122	60.4
나 이	30세 이상	32	15.8
월수입	150만 원 미만	43	21.3
	150-300만 원 미만	79	39.1
	300-450만 원 미만	48	23.8
	450만 원 이상	32	15.8

구 분		빈 도	백분율(%)
용 돈	20만 원 미만	38	18.8
	20-30만 원 미만	70	34.7
	30-40만 원 미만	48	23.8
	40만 원 이상	46	22.8
직 업	학 생	50	24.8
	주 부	29	14.4
	회사원	65	32.2
	전문직종사자	46	22.7
	기 타	12	5.9
학 력	고 졸	25	12.4
	대학졸업	162	80.2
	대학원 이상	15	3.7

2) 자기감시에 따른 수입 잡화 제품속성평가

자기감시에 따른 수입 잡화 제품속성평가 차이를 알아보기 위하여 점수의 비율을 기준으로 자기감시가 높은 집단과 중간 집단, 낮은 집단으로 구분한 다음 높은 집단과 낮은 집단의 평균을 비교하였다. <표 7>은 자기감시가 높은 집단과 낮은 집단 간의 수입 잡화 제품속성평가 차이를 나타낸 것이다. <표 7>에 제시된 바와 같이 전체 응답자의 분석 결과, 수입 잡화에 대한 자기감시가 높은 집단에 비해 낮은 집단에서 수입 잡화의 제품속성 중 외적 기준이었던 상징성을 높게 평가함으로써 수입 잡화가 자신을 더 돋보인다고 생각하고 있었다.

이외 다른 항목에 대해서는 큰 차이가 나타나지 않았고, 특히 경제성에 있어서는 자기감시가 높은 집단과 낮은 집단 모두 수입 잡화가 비싸고, 더 오래 사용할 수 있다고 평가하였다. 이는 장은영 (1997)의 연구에서 소비자들이 수입의류에 대해 경제성보다는 디자인, 상표명성, 기술적 품질가치 면에서 높은 평가를 내린 연구결과와 일치한다.

본 연구에서는 우리나라 소비자들은 수입브랜드의 제품에 관해서는 제품자체의 속성보다는 내적인 속성 즉, 상징성이나 심미성에 더 높은 평가를 하고 있다는 것을 알 수 있다.

〈표 7〉 자기감시가 높은 집단과 낮은 집단 간의 수입 잡화 제품속성평가 차이

구 분	변 인	자기감시가 높은 집단(n=91)		자기감시가 낮은 집단(n=70)		t
		M	SD	M	SD	
상징성	국내상표보다 수입상표 잡화를 사용하는 것이 남에게 돋보이게 한다.	2.29	1.06	3.31	0.98	-2.186*
심미성	수입상표 잡화의 디자인이나 색상이 더 세련돼 보인다.	3.42	0.94	3.56	0.85	-0.973
품질성	수입상표 잡화는 국내상표 잡화보다 더 견고하여 오래 사용할 수 있다.	3.31	0.87	3.30	0.91	0.757
경제성	수입상표 잡화가 국내상표 잡화보다 가격이 더 비싸다.	4.44	0.76	4.49	0.56	-0.426

**p < .05

3) 자기감시에 따른 수입 잡화 추구혜택

수입 잡화 추구혜택에 대한 항목을 요인 분석한 결과 <표 8>와 같이 5개의 요인이 추출되었다. 요인 1은 패션잡화 착용 시 다른 사람과의 동조성과 관련이 높아 '동조성추구'로, 요인 2는 수입 잡화의 상표에 대한 관심으로 보고 '상표추구'라 하였으며, 요인 3은 유행을 중시하는 경향을 나타내므로 '유행추구'라 하였다. 또 요인 4는 다른

아이템과의 어울림을 추구하기 때문에 '어울림추구'로, 요인 5는 패션잡화의 관리나 실용성 등과 관련이 높아 '실용성추구'라 하였다.

<표 8> 수입 잡화 추구혜택에 대한 요인분석 결과

요인	항 목	요인 부하량	고유치	변량 (%)	누적변량 (%)
동조성	• 관리가 어려운 잡화류는 사지 않는다 • 무난한 스타일의 잡화류가 좋다 • 유행이라도 너무 화려한 잡화는 하지 않는다 • 실용적인 스타일의 잡화류가 좋다 • 사람들이 일반적으로 하는 잡화류가 좋다 • 대체로 보수적인 스타일의 잡화류가 좋다	.602 .776 .709 .455 .643 .732	2.861	14.307	14.307
상표	• 비슷해도 유명상표의 잡화류를 산다 • 유명상표 잡화는 믿고 구입할 수 있다 • 잡화류의 상표선택에 신중을 기한다 • 이름 없는 상표보다 유명상표를 사겠다 • 잡화류를 사기 전에 상표를 많이 비교한다	.770 .663 .617 .796 .658	2.805	14.027	28.334
유행	• 신문, 잡지의 패션관련기사를 즐겨 읽는다 • 유행 잡화류는 꼭 하나 이상 구입한다 • 연예인이 하는 잡화류에 관심이 많다 • 유행이라도 어울리지 않으면 구입하지 않는다	.445 .623 .761 .619	2.384	11.922	40.255
어울림	• 옷과 어울리는 잡화류를 하려고 노력한다 • 멋 내기에 관심이 많고 힘쓰는 편이다 • 옷과의 코디를 고려해 잡화류를 구입한다	.772 .752 .708	2.208	11.038	51.294
실용성	• 잡화 구입 시 가격보다 품질을 중요시한다 • 잡화류가 얼마나 튼튼한지 꼼꼼히 살펴보고 구입한다	.876 .810	1.688	7.442	59.735

자기감시에 따른 수입 잡화 추구혜택의 차이를 t-test한 결과 다섯 개 요인 중 동조성추구와 상표추구, 유행추구, 어울림추구의 각 항목에 차이가 있음이 나타났다. <표 9>에서 알 수 있듯이 자기감시가 높은 집단은 낮은 집단에 비해 잡화류를 구입, 사용할 때 남들과 비슷하고 무난하면서도 보수적인 스타일의 잡화류를 선호하고 있었다. 이에 반해 자기감시가 높은 집단보다 낮은 집단은 멋 내기에 관심이

많아 옷과 잘 어울리고 지금 유행하고 있거나 실용적인 스타일의 잡화류, 유명상표를 더 좋아하고 있었다.

<h3 align="center">〈표 9〉 자기감시에 따른 수입 잡화 추구혜택 차이</h3>

구 분	변 인	자기감시가 높은 집단(n=91)		자기감시가 낮은 집단(n=70)		t
		M	SD	M	SD	
동조성	실용적인 스타일의 잡화류가 좋다.	3.96	0.95	4.17	0.68	-2.272**
	무난한 스타일의 잡화류가 좋다.	3.31	0.95	3.07	0.93	2.231*
상표	보수적인 스타일의 잡화류가 좋다.	3.30	0.98	3.01	1.16	2.369*
	유명상표의 잡화는 믿을 수 있다.	3.35	0.86	3.63	0.76	-3.011**
	유명상표의 잡화를 사겠다.	3.02	0.96	3.36	0.98	-3.079**
유행	유행하는 스타일의 잡화류는 꼭 하나 이상 구입한다.	2.65	1.12	2.96	0.92	-2.652**
어울림	옷과 어울리는 잡화류를 하려고 노력한다.	3.51	0.92	3.87	0.68	-3.951***
	멋 내기에 관심이 많고 힘쓰는 편이다.	3.05	0.92	3.39	0.85	-3.102**
	옷과의 코디를 고려하여 잡화류를 구입한다.	3.56	0.87	3.79	0.63	-2.584*

즉, 자기감시가 높은 사람들이 대인관계에 민감하여 자신의 행동이 다른 사람에게 어떻게 받아들여지는가에 대한 관심이 많기 때문에 잡화류를 구입, 사용할 때도 다른 사람과의 동조성을 중시한다고 볼 수 있다. 그러나 자기감시가 낮은 사람들은 자신의 행동에 대해 별로 주의를 기울이지 않기 때문에 남들보다 유행에 관심이 많고 멋 내기에 신경을 쓰며 개성을 나타내는 잡화류를 구입, 사용하고 있었다. 이는 자기감시가 높은 사람과 낮은 사람에 대한 기존의 연구와 유사한 결과를 나타낸 것이다.

4) 자기감시에 따른 수입 잡화 구매행동

자기감시가 높은 집단과 낮은 집단 간의 수입 잡화 구매행동의 차이에 있어서는 상표국과 제조국의 차이에 따른 잡화류 구입여부에서 결과가 나타났다. <표 10>에서 알 수 있듯이 자기감시가 높은 집단은 낮은 집단에 비해 수입 잡화의 상표국과 제조국이 다를 경우 구입에 큰 영향을 미치지 않으나, 자기감시가 낮은 집단은 높은 집단보다 구입하지 않겠다는 응답이 많았다.

<표 10> 자기감시에 따른 수입 잡화 구매행동 차이

빈도(%)

구 분	변 인	높은 집단 (n=91)	낮은 집단 (n=70)	x^2
상표국과 제조국이 다르면 구입하지 않겠다	예 (n=59)	21(35.6)	28(47.5)	10.093*
	아니오(n=46)	18(39.1)	14(30.4)	

*p<.05

2. 20-30대 여성의 수입 잡화 구매행동

1) 수입 잡화 구매동기

수입 잡화에 대한 구매력이 높다고 예측되는 20-30대 여성의 수입 잡화 구매동기를 디자인, 유행, 가격, 품질 등으로 나누어 알아본 결과는 <표 11>과 같다. 응답자의 50%이상이 수입 잡화를 구매하는 동기가 국내 잡화류보다 디자인이 좋기 때문이었고, 유행을 타지 않고 오래할 수 있어서 수입 잡화류를 선호하는 경향이 높았다. 응답자 여성소비자들은 수입 잡화 구매 시 가격보다 디자인, 브랜드 명성 등을 중시하고 직수입브랜드의 디자인이나 품질 등이 국내브랜드보다 우수한 것으로 인지하고 있음을 알 수 있다.

〈표 11〉 수입 잡화 구매동기

구　분	빈　도	백분율(%)
국내 잡화류보다 디자인이 좋아서	116	57.4
유행을 타지 않고 오래 사용할 수 있어서	64	31.7
품질이 국내 잡화류보다 좋아서	14	6.4
국내 잡화류와 비교해서 싸기 때문에	3	1.5
합　계	202	100.0

2) 수입 잡화 구매 시 고려요인

수입 잡화류를 구매할 때 고려요인을 유행, 실용성, 상표, 디자인, 착용감, 품질, 가격으로 나누어 알아보았다. <표 12>은 수입 잡화를 구매할 때 고려요인으로 응답자들은 수입 잡화를 구입할 때 디자인(35.6%)을 가장 많이 고려하였고, 그다음으로 실용성(34.2%)을 고려하였는데, 이는 장연화(1981)의 연구에서처럼 의복 구매 시 가장 중요시하는 요인이 디자인이라는 결과와 일치해, 의복과 잡화류 모두 디자인이 가장 중요한 고려요인임을 알 수 있다.

〈표 12〉 수입 잡화 구매 시 고려요인

구 분	빈 도	백분율(%)	구 분	빈 도	백분율(%)
디자인	72	35.6	유 행	10	5.0
실용성	69	34.2	착용감	2	1.0
상 표	26	12.9	가 격	1	0.5
품 질	22	10.9	합 계	202	100.0

3) 구매 시 수입 잡화 생산국과 상표국의 확인여부

수입 잡화류를 구입할 때 생산국과 상표국을 확인하는지를 알아보기 위해 분석한 결과, 상품의 생산국을 확인하는 소비자는 52%로 "아니오"나 "상관없다"보다 월등히 높았는데, 이는 생산국의 이미지에 따라 품질에 영향을 미친다고 한 김성(1997)의 연구결과와 일치한다.

생산국과 상표국이 일치하지 않을 경우의 구매의도에 대해서는 '상관없다'가 48%, '구매하지 않겠다'가 29.2%, '구매하겠다'가 22.8%로 나타났다. 수입 잡화를 구매하기 전에는 생산국을 확인하지만 구매 결정을 하고 난 뒤에는 생산국과 상표국을 구별하지 않는 것으로 보인다. 그러므로 구매결정 단계에서는 생산국과 상표국의 요인보다는 앞에서 보았던 디자인이나 품질의 요인을 먼저 고려하는 것으로 예측된다.

4) 수입 잡화 구매 시 결정요인

수입 잡화 구매 시 소비자들이 중요하게 여기는 점은 〈표 13〉와 같이 나타났다. 품질, 상표, 유행, 광고, 판매원의 순으로 중시하고 있었는데, 이는 김미숙, 김태연(1996)의 연구에서 수입상표 정장의류

경험자는 상표명, 유행, 품질, 품격의 요인을 중요하게 생각하는 결과와 같다. 따라서 소비자들이 수입 잡화를 구매할 때는 품질은 물론 상표의 유명도도 큰 영향을 미치고 있음을 알 수 있다.

〈표 13〉 수입 잡화 구매 시 결정요인

구 분	빈 도	백분율(%)	구 분	빈 도	백분율(%)
품 질	84	41.6	광 고	15	7.4
상 표	77	38.1	판매원	1	0.5
유 행	25	12.4	합 계	202	100.0

5) 수입 잡화 구매 장소

〈표14〉는 수입 잡화 구매 장소를 분석한 결과이다.

20-30대 여성들은 주로 백화점(69.8%)에서 수입 잡화를 구입하고 있었으며, 이외에 할인매장(11.4%)이나 브랜드매장(6.4%), 남대문·동대문 시장(6.4%)을 이용하고 있었다. 수입 잡화의 유통경로인 백화점에서 많은 소비자가 구매하고 있었다. 이는 남대문·동대문시장, 보세점에서는 이미테이션 상품들을 많이 팔고 있으므로, 믿고 살 수 있는 백화점을 선호하는 것으로 보인다.

특히 브랜드 매장이나 시장보다 아울렛매장의 이용률이 높게 나타난 것은 수입 잡화를 사용하고 싶으나 가격면에서 욕구를 충족시킬 수 있기 때문인 것으로 사료된다.

또한, 남대문과 동대문의 수입전문매장은 정품에 대한 신뢰와 백화점보다 싸게 살 수 있는 점으로 볼 때 앞으로 각광받는 시장이라고 할 수 있다.

<표 14> 수입 잡화 구매 장소

구 분	빈 도	백분율(%)	구 분	빈 도	백분율(%)
백화점	141	69.8	패션전문점	7	3.5
아울렛매장	23	11.4	보세점	3	1.5
브랜드매장	13	6.4	수입매장	2	1.0
시 장	13	6.4	합 계	202	100.0

6) 잡화 구매량 및 수입 잡화 소유량

<표 15>에 제시된 바와 같이 조사대상자의 90%이상이 1년 동안 패션잡화 중 가방과 반지, 목걸이는 3개 이하를, 시계와 안경, 선글라스는 1개 이하를 구매하고 있었다. 또한 90%이상이 수입 잡화류 중 가방, 반지, 목걸이는 5개 이하를, 시계, 안경, 선글라스는 2개 이하를 현재 소유하고 있었다.

<표 15> 잡화 구매량 및 수입 잡화 소유량

빈도(%)

변 인 구 분	구 매 량			소 유 량		
	1개 이하	2-3개 이하	4개 이상	2개 이하	3-5개 이하	6개 이상
가 방	123(60.9)	67(33.2)	12(5.9)	130(64.4)	56(27.7)	16(7.9)
시 계	189(93.6)	12(5.9)	1(0.5)	184(91.1)	16(7.9)	2(1.0)
안 경	187(92.6)	15(7.4)	0(0.0)	193(95.5)	6(3.0)	3(1.5)
선글라스	184(91.1)	15(7.4)	3(1.5)	185(91.6)	15(7.4)	2(1.0)
반 지	163(80.7)	33(16.3)	6(1.5)	175(86.6)	22(10.9)	5(2.5)
목걸이	156(77.2)	37(18.3)	9(4.5)	165(81.7)	25(12.4)	12(5.9)

구매량과 소유량에서 알 수 있듯이 응답자들의 90%이상이 수입 잡화를 구매한 경험이 있고 소유하고 있는 정도로 보아 수입 잡화류

에 대한 소비자의 인지도가 높음을 알 수 있었다.

7) 한 달 평균 의복 및 수입 잡화 구입비

<표16>은 한 달 평균 의복 구입비와 한 달 평균 수입 잡화 구입
비를 나타낸 것이다.

〈표 16〉 한 달 평균 의복 및 잡화 구입비

의복 구입비	빈 도	백분율(%)
10만 원 미만	80	39.6
10만 원 이상－20만 원 미만	59	29.2
20만 원 이상－30만 원 미만	47	23.3
30만 원 이상	16	7.9
합 계	202	100.0
잡화 구입비	빈 도	백분율(%)
5만 원 미만	92	45.5
5만 원 이상－10만 원 미만	71	35.1
10만 원 이상－20만 원 미만	26	12.9
20만 원 이상	13	6.4
합 계	202	100.0

응답자의 한 달 평균 의복 구입비는 10만 원에서 30만 원 정도였
고, 이 중 잡화 구입비는 5만 원에서 10만 원 정도였다. 특히 한 달
평균 의복 구입비는 39.6%가 10만 원 미만을 지출한다고 나타났으며,
10-20만 원은 29.2%였고 20-30만 원은 23.3%였다. 또한 80%이상이
한 달 평균 잡화 구입비로 10만 원 이하를 사용하고 있는 점으로 볼
때 국내시장에서 의류보다 성장 속도가 빠른 것을 알 수 있으며, 여
성들의 자신을 꾸미는 욕구를 위해 지출이 많음을 알 수 있다.

한편, 의복 구입비 및 잡화 구입비에 따른 잡화 구매량과 수입 잡
화 소유량의 차이를 알아본 결과는 다음과 같다.

① 의복 및 잡화 구입비와 품목별 잡화 구매량의 상관관계
<표17>에서 보듯이 가방, 시계, 선글라스, 반지, 목걸이 등 잡화류
는 한 달 의복 구입비 및 잡화 구입비가 많을수록 더 많이 구매하고
있었다.

〈표 17〉 의복 및 잡화 구입비에 따른 잡화 구매량 상관관계

구 분	가 방	시 계	안 경	선글라스	반 지	목걸이
의복구입비	30.687***	18.482**	7.017	27.903***	19.273**	15.853*
잡화구입비	26.609***	47.310***	14.270**	29.624***	39.218***	45.521***

* p < .05 ** p < .01 *** p < .001

그러나 안경은 잡화구입비가 많을수록 더 많이 구매하고 있었으나
의복구입비와는 관계가 없는 것으로 나타나 다른 아이템과는 달리
액세서리의 개념보다는 자신의 몸에 꼭 필요한 실용성의 목적이 강
한 아이템이라 생각하고 관련이 없는 것으로 볼 수 있다.
요즘은 잡화류 구입이 의복비보다 급격히 증가하고 있는 추세이다
(섬유저널, 2000). 이 결과로 볼 때 의복을 구입할 때는 토틀 패션의
개념으로 의복과 어울리는 가방, 선글라스, 반지를 구매하는 것으로
보아 한 매장에서 이런 코디할 수 있는 아이템을 디스플레이를 해놓
는 것도 구매력을 높일 수 있는 방법일 것이다.<부록4, 5참고>

② 의복 및 잡화 구입비에 대한 수입 잡화 소유량
<표 18>은 의복 및 잡화 구입비에 대한 수입 잡화 소유량을 나타
낸 것이다.

<표 18> 의복 및 잡화 구입비에 대한 수입 잡화 소유량

구 분	가 방	시 계	안 경	선글라스	반 지	목걸이
의복구입비	29.345[***]	7.986	15.100[*]	19.474[**]	13.519[*]	20.707[**]
잡화구입비	13.062[*]	10.965	26.265[***]	19.964[**]	28.516[***]	26.571[***]

*p<.05 **p<.01 ***p<.001

가방, 안경, 선글라스, 반지, 목걸이 등 수입 잡화류는 한 달 의복 및 잡화 구입비가 많을수록 더 소유하고 있는 경향을 보였다. 수입 잡화류는 의복 구입비가 10만 원 미만에서 1-2개 정도를 가지고 있는 사람이 50% 정도로 나타나 수입 잡화가 대중화되어 있는 사실을 알 수 있었다. 잡화 구입비에 따른 수입 잡화 소유량도 의복 구입비에 따른 소유량과 큰 차이는 없었지만, 반지, 목걸이, 안경에서 높은 비율이 나타나 의복과 관련 없이 하나의 아이템으로 큰 시장이 될 수 있을 것이다.<부록 6, 7 참조>

8) 수입 잡화 선호 브랜드

아이템별 수입 잡화 선호 브랜드를 분석한 결과는 <부록3>을 참조한다. 가방은 프라다를 40.1%로 가장 선호했고, 시계나 안경·선글라스, 반지, 목걸이는 특별히 선호하는 브랜드는 없었고, 인지도가 있는 수입브랜드들에 평균적으로 나타났다. 20-30대 여성들은 가방 구입 시 수입브랜드 중 프라다를 가장 선호하고 있었고, 그다음으로 루이 비통이나 구찌, 버버리 등을 좋아하고 있었다. 시계를 착용할 때는 조르지오 아르마니와 까르띠에, 스와치 등을 선호하였으며, 안경과 선글라스는 조르지오 아르마니와 구찌, 베르사체 등을, 반지는 아가타, 불가리, 루이 비통, 까르띠에 등을 많이 착용하고 있었다. 특

히 목걸이는 아가타에 대한 선호도가 아주 높게 나타났으며, 불가리,
샤넬, 크리스천 디올도 좋아하고 있었다.

　우리나라 여성소비자가 선호하는 브랜드들은 잡화류뿐만 아니라
의류에서도 인지도가 있는 브랜드들이라서 한 브랜드에 대해 좋은
이미지와 그에 파급되는 브랜드의 좋은 연상 작용은 소비자를 충성
고객으로 만들 수 있다. 따라서 국내브랜드들도 수입브랜드처럼 소
비자에게 인지도 확보를 위해 장기적이고도 과감한 투자를 하는 것
이 중요하다고 생각된다.

3. 20-30대 여성의 수입 잡화 이미테이션 구매행동

1) 수입 잡화 이미테이션 구매경험

　조사대상자들에게 이미테이션을 사용한 경험을 알아보기 위해 조
사한 결과 73.8%가 이미테이션을 사용한 경험이 있는 것으로 나타났
다. 수입 잡화 이미테이션을 구매·사용함으로 자신의 품위는 높여주
고, 저렴한 이미테이션은 계속 여성소비자는 사용할 것으로 보인다.

2) 수입 잡화 이미테이션 구매이유

　<표 19>에서는 수입 잡화 이미테이션 구매이유를 분석하였다. 수입
잡화 이미테이션을 구매하는 이유를 알아보니 대부분의 여성들은 수

입 잡화의 가격이 비싸서 이미테이션을 구입하는 경향을 보였다. 그다음으로 유행, 추종, 심리적인 면으로 나타났다. 특히 수입 잡화 이미테이션의 디자인이 비슷하다는 점에서 볼 때 소비자들은 이미테이션 사용함으로써 과시적인 소비욕구를 충족시키는 것이라고 할 수 있다.

〈표 19〉 수입 잡화 이미테이션 구매이유

구 분	빈 도	백분율(%)
가 격	96	64.9
유 행	24	16.2
기 태(추종)	15	10.1
심 리	13	8.8
합 계	148	100.0

3) 수입 잡화 이미테이션 구매 장소

수입 잡화의 이미테이션 구매 장소는 〈표 20〉과 같이 남대문·동대문시장, 패션 전문점, 보세점 등의 순으로 나타났다. 유명브랜드의 잡화를 백화점에서 구입하는 여성들이 많은 점과 비교해 보아 이미테이션은 이를 취급하는 남대문·동대문시장에서 구입하는 성향이 높다는 것을 알 수 있다.

〈표 20〉 수입 잡화 이미테이션 구매 장소

구입 장소	빈 도	백분율(%)
시 장	57	38.5
패션전문점	41	27.7
보세점	31	21.0
아울렛매장	19	12.8
합 계	202	100.0

4) 품목별 수입 잡화 이미테이션 구매의도

수입 잡화 이미테이션을 사용한다면 어느 품목을 사용하겠느냐는 질문에 대한 결과는 <표 21>과 같다. 이미테이션에 대한 선호도는 가방이 가장 높았고, 시계와 반지·목걸이, 안경·선글라스의 순으로 나타났다. 그러나 그 차이가 크지 않아 수입 잡화 이미테이션에 대한 소비자의 구매는 아이템에 관계가 없는 것으로 생각된다.

〈표 21〉 수입 잡화 이미테이션 선호도

구 분	빈 도	백분율(%)	구 분	빈 도	백분율(%)
가 방	142	25.6	안경, 선글라스	136	24.5
시 계	138	24.9	합 계	554	100.0
반지, 목걸이	138	24.9			

4. 인구 통계적 변인에 따른 수입 잡화 구매행동

1) 인구 통계적 변인에 따른 수입 잡화 제품속성평가

인구 통계적 변인에 따른 수입 잡화 제품속성의 차이를 연구한 결과 한 달 용돈과 의복 및 잡화 구입비, 이미테이션 구입여부에서 통계적으로 유의한 결과가 나타났다. <표 22>은 용돈에 따른 제품속성평가 차이를 나타낸 것이다.

〈표 22〉 용돈에 따른 제품속성평가 차이

평 균

구 분	변 인	20만 원 미만 (n=38)	20-30 만 원 (n=70)	30-40 만 원 (n=48)	40만 원 이상 (n=46)	F
상징성	국내상표보다 수입상표 잡화를 사용하는 것이 남에게 자신을 돋보이게 한다	2.66^a	3.23^b	3.23^b	3.39^b	4.369**
심미성	수입상표 잡화의 디자인과 색상이 더 세련돼 보인다	3.18	3.53	3.58	3.57	1.879
품질성	수입상표 잡화는 국내상표 잡화보다 더 견고하여 오래 사용할 수 있다	3.26	3.30	3.38	3.57	1.155
경제성	수입상표 잡화가 국내상표 잡화보다 가격이 더 비싸다	4.37	4.54	4.46	4.26	1.529

$^{**}p<.01$ a, b는 Scheffe' 사후검증 결과($p<.05$)

한 달 용돈에 따라서는 수입 잡화 제품속성 중 상징성요인에서 차이를 보였다. 즉, 한 달 용돈이 20만 원 미만인 사람에 비해 그 이상을 지출하는 사람들이 국내상표 잡화보다 수입상표 잡화를 하는 것이 자신을 돋보이게 한다고 여기고 있었다.

<표 23>은 의복 및 잡화 구입비에 따른 제품속성평가 차이를 나타낸 것이다.

한 달 평균 의복 및 잡화 구입비에 따라서는 상징성과 심미성, 품질성, 경제성 요인에서 차이가 있음을 알 수 있었다. 한 달 평균 의복 구입비로 30만 원 이상을 지출할 경우 다른 집단에 비해 수입상표 잡화가 국내상표 잡화보다 오래 사용할 수 있고 품질이 좋아 경제적이며 더 맵시 있다고 생각하고 있었다. 한 달 평균 의복 구입비가 10만 원 미만인 사람과 잡화 구입비가 5만 원 미만인 사람들은 다른 사람들에 비해 국내상표 잡화보다 수입상표 잡화를 하는 것이 남에게 더 돋보이게 한다고 여기고 있었다.

〈표 23〉 의복 및 잡화 구입비에 따른 제품속성평가 차이

평 균

구 분	의복 구입비	10만 원 미만 (n=80)	10-20만 원 (n=59)	20-30만 원 (n=47)	30만 원 이상 (n=16)	F
심미성	국내상표보다 수입상표 잡화가 더 맵시 있다	3.43^a	3.63^a	3.53^a	4.13^b	3.312*
상징성	국내상표보다 수입상표 잡화를 하는 것이 남에게 돋보이게 한다	2.83^a	3.37^b	3.34^b	3.50^b	5.280**
경제성	수입상표 잡화가 비싸도 싫증이 나지 않으므로 더 경제적이다	2.90^a	3.29$^{a/b}$	3.66$^{b/c}$	3.81^c	10.579***
품질성	수입상표 잡화는 국내상표 잡화보다 견고하여 오래 사용할 수 있다	3.25$^{a/b}$	3.20^a	3.60$^{b/c}$	3.94^c	4.987**
성	수입상표 잡화가 품질이 더 좋다	3.33^a	3.42^a	3.66^a	4.06^b	4.275**
상징성	국내상표보다 수입상표 잡화를 하는 것이 남에게 돋보이게 한다	2.85^a	3.37^b	3.42^b	3.69^b	6.216***

*p<.05 **p<.01 ***p<.001   a, b, c는 Scheffe' 사후검증 결과(p<.05)

〈표 24〉 이미테이션 구매경험에 따른 제품속성평가 차이

M(SD)

구 분	변 인	구입여부		t
		예(n=148)	아니오(n=54)	
상징성	국내상표 잡화보다 수입상표 잡화를 하는 것이 남에게 자신을 돋보이게 한다	3.28(0.91)	2.81(1.17)	2.993**
경제성	수입상표 잡화가 비싸도 싫증이 나지 않으므로 더 경제적이다	3.36(0.87)	3.00(0.97)	2.518*

*p<.05 **p<.01

또한 수입 잡화류의 이미테이션 구매경험에 따른 제품속성의 차이는 <표 24>에서 보듯이 경제성과 상징성에서 나타나 이미테이션 구

입경험이 있는 사람들이 그렇지 않은 사람들에 비해 수입상표 잡화
가 더 경제적이고 자신을 돋보이게 한다고 생각하고 있었다.

2) 인구 통계적 변인에 따른 수입 잡화 추구혜택

인구 통계적 변인과 추구혜택의 관계에 있어서는 <표 25>에서 보
듯이 유행추구혜택 중 '연예인이 하는 잡화류에 관심이 많다.' 항목
에서 연령에 따른 차이가 나타났다. 20세-25세에 비해 26세 이상이
연예인이 하는 잡화류에 많은 관심을 보임으로써 유행을 추구하고
있었다. 즉, 연령이 젊을수록 자신을 표현할 수 있는 개성적인 잡화
류를 좋아하는 반면 경제적으로 여유가 있는 연령층에서는 연예인이
하는 잡화류 등 비싼 제품에 관심이 많은 것으로 풀이된다.

<표 25> 연령에 따른 추구혜택 차이

구 분	연 령	20-25세 (n=48)	26-30세 (n=122)	30세 이상 (n=32)	F
유행추구	연예인이 하는 잡화류에 관심이 많다.	2.06^a	2.50$^{a/b}$	2.56^b	4.400*
실용성 추구	잡화류가 얼마나 튼튼한지 꼼꼼히 살피고 구입한다.	3.56	3.44	3.68	1.250
어울림 추구	멋 내기에 관심이 많고 힘쓰는 편이다.	3.35	3.38	3.21	0.680
동조성 추구	나는 대체적으로 보수적인 스타일의 잡화가 좋다.	4.25	3.78	3.99	2.588
상표추구	이름 없는 상표보다는 유명상표의 잡화를 사겠다.	3.13	3.38	3.18	0.680

*p<.05   a, b는 Scheffe' 사후검증 결과(p<.05)

<표 26>은 용돈에 따른 추구혜택 차이를 나타낸 것이다.

용돈에 따라서는 동조성추구, 상표추구, 어울림추구, 실용성추구

요인의 각 항목에 있어 추구혜택의 차이를 보였다. 한 달 용돈이 20만 원 미만인 사람에 비해 30만 원 이상인 사람들은 실용적인 스타일의 잡화를 좋아했으며, 40만 원 이상인 사람들은 상표 선택이나 품질에 신중을 기하고 유명상표 잡화를 구입하는 성향이 강했다. 뿐만 아니라 현재 갖고 있는 옷과 조화를 이루는지를 염두에 두면서 잡화류를 구입하고 있었다. 이 결과로 볼 때 수입 잡화에 대한 여성 소비자의 태도는 많이 대중적이 되었고 실용적이면서도 그 브랜드의 이미지를 입는 것이라고 생각할 수 있다.

〈표 26〉 용돈에 따른 추구혜택 차이

평 균

구 분	월 용돈	20만 원 미만 (n=38)	20-30 만 원 (n=70)	30-40 만 원 (n=48)	40만 원 이상 (n=46)	F
동조성	실용적인 스타일의 잡화류가 좋다	4.37^c	$4.06^{b/c}$	3.73^a	$4.02^{a/b}$	4.406^{**}
상표추구	잡화류는 내 이미지를 나타내므로 상표선택에 신중을 기한다	2.53^a	$3.53^{a/b}$	3.58^b	3.57^b	5.258^{**}
상표추구	이름 없는 상표보다 유명상표 잡화류를 사겠다	2.66^a	3.33^b	$3.40^{a/b}$	3.59^b	5.598^{**}
어울림	멋 내기에 관심이 많고 힘쓰는 편이다	3.00^a	3.24^a	3.15^a	3.67^b	4.903^{**}
실용성추구	나는 잡화류를 살 때 가격보다 품질이 좋은지 중요시한다	4.05^b	3.56^a	3.63^a	$3.78^{a/b}$	3.331^*
실용성추구	잡화류가 얼마나 튼튼한지 꼼꼼히 살펴보고 구입한다	3.97^b	3.61^a	3.44^a	3.50^a	3.646^*

*$p<.05$ **$p<.01$ a, b, c는 scheffe' 사후검증 결과($p<.05$)

한 달 평균 의복 및 잡화 구입비에 따른 추구혜택의 차이에 있어서는 동조성추구와 유행추구 등에서 통계적으로 유의한 차이를 보였다. <표 27>에서 보듯이 한 달 평균 의복 구입비가 30만 원 이상인 사람들은 10만 원 미만인 사람들보다 패션이나 유행에 관심이 많고 잡화를 구입할 때 신중을 기하며 연예인이 하는 잡화류에도 관심이 많은 편이었다. 이에 비해 10만 원 미만인 사람들은 30만 원 이상인 사람들보다 무난하고 실용적인 스타일의 잡화류를 선호하고 있었다.

<표 28>에서 보듯이 한 달 평균 잡화 구입비가 5만 원 미만인 사람들은 20만 원 이상인 사람들보다 관리를 중시하여 무난하고 실용적인 스타일의 잡화류를 좋아하며 유행이더라도 자신에게 어울리지 않는다고 판단되면 구입하지 않는 경향이었다. 그러나 20만 원 이상인 사람들은 5만 원 미만인 사람들보다 연예인이 하는 잡화류에 관심이 많고 유행하는 스타일의 잡화류는 꼭 하나 이상 구입하려는 성향이 강했다.

〈표 27〉 의복 구입비에 따른 추구혜택 차이

구 분	의복구입비	10만 원 미만	10-20만 원	20-30만 원	30만 원 이상	F
동조성추구	튀지 않는 무난한 스타일이 좋다.	3.84^b	3.86^b	$3.45^{a/b}$	3.13^a	3.670^*
	화려한 잡화류는 하지 않는다.	4.25^c	$4.15^{a/b}$	3.53^a	$3.81^{a/b}$	7.131^{***}
	실용적인 스타일의 잡화류가 좋다	4.22^c	$4.10^{b/c}$	3.68^a	$3.81^{a/b}$	4.992^{**}
상표추구	잡화류는 내 이미지를 나타내므로 상표선택에 신중을 기한다.	2.73^a	$3.12^{a/b}$	3.55^b	3.31^b	7.684^{***}
유행추구	신문이나 잡지의 패션 관련기사를 즐겨 읽는다.	2.84^a	3.14^a	3.60^b	3.75^b	8.748^{***}
	유행하는 스타일의 잡화는 꼭 구입한다.	2.38^a	2.93^b	3.02^b	3.38^b	8.145^{***}
	연예인이 하는 잡화류에 관심이 많다.	2.06^a	2.53^b	$2.72^{b/c}$	3.06^c	7.913^{***}

$*p<.05$ $**p<.01$ a, b, c는 scheffe' 사후검증 결과$(p<.05)$

<표 28> 잡화 구입비에 따른 추구혜택 차이

구 분	잡화구입비	5만 원 미만	5-10만 원	10-20만 원	20만 원 이상	F
동조성추구	색상이나 디자인이 마음에 들어도 관리가 어려우면 사지 않는다.	3.67^b	3.56^b	3.54^b	2.77^a	3.105^*
	남들보다 튀지 않는 무난한 스타일의 잡화류가 좋다.	3.86^b	$4.17^{b/c}$	4.08^b	3.62^a	6.260^{***}
	실용적인 스타일의 잡화류가 좋다.	4.23^b	$3.90^{b/c}$	$3.92^{a/b}$	3.54^a	4.127^{**}
유행추구	유행하는 스타일의 잡화는 꼭 구입한다.	2.42^a	3.06^b	$2.92^{a/b}$	3.31^b	7.491^{***}
	연예인이 하는 잡화류에 관심이 많다.	2.07^a	2.61^b	2.96^b	3.00^b	9.667^{***}
	유행이더라도 나에게 어울리지 않으면 사지 않는다.	4.50^c	$4.17^{b/c}$	4.82^b	3.62^a	6.260^{***}

$*p<.05$ $**p<.01$ a, b, c는 scheffe' 사후검증 결과($p<.05$)

한편, 수입 잡화류의 이미테이션 구매경험에 따라 추구혜택의 차이가 나타났는데, <표 29>에서 보듯이 다섯 개 요인 중 동조성추구와 상표추구, 유행추구에서 이미테이션 구매경험이 있는 집단과 그렇지 않은 집단에서 차이를 보였다. 즉, 이미테이션을 구입한 경험이 있는 사람들은 그렇지 않은 사람들에 비해 멋 내기나 패션에 관심이 많고 연예인이 하는 잡화류나 유행 스타일의 잡화류에 관심이 많으며, 잡화류를 구입할 때 상표선택에 신중을 기하고 있었다.

〈표 29〉 이미테이션 구매경험에 따른 추구혜택 차이

M(SD)

구 분	구매경험	구입여부		t
		예(n=148)	아니오(n=54)	
동조성 추구	멋 내기에 관심이 많고 힘쓰는 편이다	3.42(0.82)	2.87(0.95)	4.009***
상표 추구	잡화류는 나의 이미지를 나타내므로 상표 선택에 신중을 기한다	3.17(0.99)	2.83(1.04)	2.099*
유행 추구	신문, 잡지의 패션관련기사를 즐겨 읽는다	3.30(0.99)	2.81(0.87)	3.196**
유행 추구	유행하는 스타일의 잡화류는 꼭 하나 이상 구입한다	2.88(1.02)	2.46(0.97)	2.605*
	연예인이 하는 잡화류에 관심이 많다	2.59(1.02)	2.00(0.82)	3.795***

*p<.05 **p<.01 ***p<.001

3) 인구 통계적 변인에 따른 수입 잡화 구매행동

인구 통계적 변인에 따라 수입 잡화 구매동기, 상표국과 제조국 여부, 구매 결정요인, 구매량과 소유량 등에 차이가 나타났다. <표 30, 31, 32>에서 보듯이 월수입이 높을수록 수입 잡화 구매동기 중 디자인, 품질을 중시하는 반면 낮을수록 가격을 중요시하였다. 응답 자의 대부분이 디자인, 유행 등을 중시하였고 구매결정 시 상표이미 지, 품질 등을 고려하였으며, 생산국과 제조국이 다르면 수입상표를 구입하지 않겠다고 대답하였다.

〈표 30〉 직업에 따른 생산국과 제조국 확인 유무 차이

생산국, 제조국 \ 직업	학 생	주 부	회사원	전문직	기 타	x^2
예(n=59)	9(15.3)	14(23.7)	13(22.0)	20(33.9)	3(5.1)	18.535*
아니오(n=46)	13(28.3)	8(17.4)	16(34.8)	6(13.0)	3(6.5)	

*p<.01

〈표31〉 수입과 직업에 따른 수입 잡화 구매행동 차이

수입 \ 구매동기	150만 원 미만	150-300만 원	300-450만 원	450만 원 이상	x^2
디자인(n=102)	20(19.6)	34(33.3)	24(23.5)	24(23.5)	
유 행(n=64)	12(18.8)	30(46.9)	19(29.7)	3(4.7)	27.004**
가 격(n=3)	2(66.7)	1(33.3)	0(0.0)	0(0.0)	
품 질(n=19)	2(10.5)	8(42.1)	5(26.3)	4(21.1)	

직업 \ 구매동기	학 생	주 부	회사원	전문직	기 타	x^2
디자인(n=102)	20(19.6)	15(14.7)	34(33.3)	30(29.4)	3(2.9)	
유 행(n=64)	19(29.7)	11(17.2)	21(32.8)	10(15.6)	3(4.7)	30.502*
가 격(n=3)	0(0.0)	0(0.0)	1(33.3)	1(33.3)	1(33.3)	
품 질(n=19)	8(42.1)	3(15.8)	4(21.1)	3(15.8)	1(5.3)	

**p<.001

〈표 32〉 직업에 따른 수입 잡화 구매결정요인 차이

구매결정요인 \ 직업	학 생	주 부	회사원	전문직	기 타	x^2
광고이미지(n=15)	6(40.0)	0(0.0)	4(26.7)	4(26.7)	1(6.7)	
유 행(n=25)	6(24.0)	0(0.0)	9(36.0)	9(36.0)	0(0.0)	
상표유명도(n=77)	20(26.0)	18(23.4)	23(29.9)	16(20.8)	0(0.0)	38.755**
품 질(n=84)	18(21.4)	11(13.1)	29(34.5)	17(20.0)	9(10.7)	
판매원(n=1)	0(0.0)	0(0.0)	0(0.0)	0(0.0)	1(100)	

**p<.001

<표 33>는 인구통계학적 변인에 따른 잡화 구매량과 소유량 차이를 나타낸 것이다. 잡화 구매량에 있어서는 연령, 직업, 학력, 월수입, 용돈에 따라 통계적으로 유의한 차이를 보였다. 연령, 학력이 높고 직업을 가질수록, 한 달 월수입 및 용돈이 많을수록 가방이나 선글라스 등의 구매량이 많은 편이었다. 또 연령이 높고 한 달 월수입

및 용돈이 많을수록 가방, 선글라스, 목걸이 등의 소유량이 많은 것
으로 나타났다.<부록 9참조>

〈표 33〉 인구 통계적 변인에 따른 잡화 구매량 및 소유량 차이

변 인 구 분	잡화 구매량			수입 잡화 소유량		
	가 방	안 경	선글라스	가 방	선글라스	목걸이
연 령	9.736*	1.255	4.726	10.578*	6.897	9.269
직 업	17.555*	1.225	12.003	8.942	8.063	9.571
학 력	7.732	1.092	21.853**	5.575	8.122	2.894
월수입	6.057	8.866*	7.823	25.507***	13.043*	19.786**
용 돈	18.610**	5.226	12.348	12.972*	6.024	3.216

*p<.05   **p<.01   ***p<.001

V. 결론 및 제언

1. 요약 및 결론

본 연구는 최근 증가하고 있는 수입 잡화에 대해 자기감시가 높은 집단과 낮은 집단을 구분하여 집단별로 제품속성과 추구혜택에 대한 소비자의 태도를 알아보고, 수입 잡화의 구매행동과 이미테이션에 대한 태도를 알아보고자 하였다. 연구의 실증적 조사는 20-30대 여성을 대상으로 하였다.

본 연구에서 중점적으로 조사한 내용은 다음과 같다.

1) 자기감시가 높은 집단과 낮은 집단사이에 수입 잡화에 대한 제품속성평가와 추구혜택의 차이를 알아본다.
2) 20-30대 여성소비자의 수입 잡화 구매행동을 알아본다.
3) 20-30대 여성소비자의 수입 잡화 이미테이션의 구매행동을 알아본다.
4) 20-30대 여성소비자의 인구통계학적 변인에 따른 수입 잡화 구매특성 차이를 알아본다.

자료의 수집은 20-30대의 여성소비자에 대한 고른 분포를 위해 대학생, 직장인, 주부를 대상으로 설문조사를 실시한 후, 회수된 설문지 202부를 분석자료로 사용하였다. 자료분석은 SPSS / PC를 이용하여 평균, 백분율, 빈도분석, 요인분석, t-test, 일원분산분석, 상관관계 등을 실시하였다.

본 연구의 결과는 다음과 같다.

1) 자기감시가 높은 집단과 낮은 집단사이의 수입 잡화 제품속성 평가에 대한 결과 자기감시가 높은 집단에 비해 낮은 집단이 국내상표 잡화보다 수입상표 잡화를 사용하는 것이 자신을 돋보이게 한다고 여기고 있는 것으로 나타났다.

자기감시가 높은 집단과 낮은 집단사이의 수입 잡화 추구혜택에 대한 평가는 추구혜택의 속성 중 동조성추구와 어울림추구의 항목에서 유의차를 나타내었다. 자기감시가 높은 집단이 낮은 집단에 비해 동조성을 추구하는 반면 자기감시가 낮은 집단은 높은 집단보다 유행성을 더 추구하는 성향을 보였다.

2) 20-30대 여성소비자의 구매행동을 비교 분석한 결과 수입 잡화의 디자인, 유행, 품질이 국내제품보다 앞선다고 나타났다. 따라서 수입 잡화를 구입하는 결정요인은 품질과 상표라고 나타나 우리나라 여성들이 수입브랜드의 상표에 영향을 받는 것으로 나타났다.

또 생산국과 상표국에 대한 문항에서는 수입 잡화를 구매하기 전에는 생산국을 확인하지만 구매결정을 하고 난 뒤에는 생산국과 상표국을 구별하지 않는 것으로 나타났다. 따라서 구매결정단계에서는 생산국과 상표국의 요인보다는 앞에서 보았던 디자인이나 품질의 요인을 먼저 고려하는 것으로 보인다. 구매 장소로는 수입 잡화의 유통경로인 백화점이 69.8%로 월등히 높게 나타났다. 그 외에 할인매장이나 브랜드 매장, 남대문·동대문 시장을 이용하고 있었다. 브랜드 매장이나 시장보다 할인매장의 이용률이 높게 나타나 여성소비자들이 가격면에서 욕구를 충족시킬 수 있는 할인매장을 선호하는 것으로 나타났다.

수입 잡화 구매량과 소유량을 알아본 결과 가방, 시계, 안경·선글라스, 반지, 목걸이 모든 아이템에서 1-3개 정도는 구매한 경험이 있고 소유하고 있는 것으로 나타났다.

20-30대 여성의 한 달 평균 의복 구입비는 10-30만 원 정도였고, 잡화 구입비는 5-10만 원 정도였다. 또한 80%이상이 한 달 평균 잡화 구입비로 10만 원 이하를 사용하는 점으로 보아 국내시장에서 의류보다 성장 속도가 빠른 것을 알 수 있으며, 여성들이 자신을 꾸미는 욕구를 위해 패션잡화에 대한 지출이 많음을 알 수 있다.

아이템별 선호 브랜드를 보면, 가방은 프라다, 루이비통, 구찌, 버버리 순으로 소비자들에게 인지도가 있는 브랜드를 선호하였다. 시계는 구찌, 까르띠에, 스와치 순이며 안경과 선글라스는 조르지오 아르마니, 구찌, 베르사체순으로 나타났다. 반지는 아가타, 불가리, 루이비통이었고 목걸이는 아가타, 불가리, 테스토니의 순이었다. 특히 아가타는 중·저가의 수입브랜드로 고가의 수입 잡화시장에서 니치마켓을 공략한 좋은 예라 할 수 있다.

3) 수입 잡화에 대한 이미테이션을 사용한 경험이 74%로 수입 잡화를 선호하는 만큼 수입 잡화 이미테이션의 구매경험도 많다는 것을 알 수 있다. 이미테이션의 구매이유는 가격 때문이라는 이유가 가장 많았고 디자인, 품질 등이 진품과 비슷하다는 점에서 대부분의 소비자가 과시적인 소비욕구를 이미테이션으로 충족시키는 것이라고 할 수 있다. 구매 장소는 유명브랜드의 잡화를 백화점에서 구입하는 여성들이 많은 점과 비교해 보아 이미테이션은 남대문이나 동대문 시장에서 구입하는 성향이 높다는 것을 알 수 있다.

이미테이션에 대한 선호도는 가방, 시계, 반지·목걸이, 안경·선글라스 순으로 나타났는데 그 차이가 크지 않아 소비자의 구매는 아이템과 관계가 없는 것으로 보인다. 또 이미테이션의 사용 유무를 묻는 질문에 "예"라고 대답한 소비자가 52%로 나타나 여성소비자들은 가격면에서 과시적인 욕구를 충족시켜주는 이미테이션을 계속 사용할 것으로 보인다.

4) 인구통계학적 변인에 따른 수입 잡화 제품속성평가를 분석한
결과, 연령에 따라서는 수입 잡화 제품속성 중 상징성의 요인에서
한 달 용돈이 20만 원 이상을 지출하는 사람이 수입 잡화를 하는
것이 자신을 돋보이게 한다고 여기고 있었다.

의복 및 잡화구입비에 따른 제품속성평가 차이를 비교해 보면, 한
달 평균 의복 구입비로 30만 원 이상 지출하는 경우는 수입 잡화가
국내 잡화보다 품질이 좋아 더 경제적이라고 생각하고 있었고, 의복
구입비가 10만 원 미만인 사람과 잡화 구입비가 5만 원 미만인 사
람은 수입 잡화가 자신을 더 돋보이게 한다고 생각하고 있었다.

수입 잡화류의 이미테이션 구매경험에 따른 제품속성의 차이는 경
제성과 상징성에서 나타나 이미테이션 구입경험이 있는 사람들이 그
렇지 않은 사람들에 비해 수입 잡화가 더 경제적이고 자신을 돋보이
게 한다고 생각하고 있었다.

또한 추구혜택의 차이를 보면, 연령에 따라서는 유행추구 항목에
서 20-23세에 비해 26세 이상이 연예인이 하는 잡화류에 관심이 많
았다. 용돈에 따라서는 20만 원 미만인 사람에 비해 30-40만 원 이
상인 사람들은 실용성 추구와 유명상표추구에 신중을 기하는 것으로
나타났다. 의복 구입비와 잡화구입비에 따른 추구혜택은 의복이나
잡화 구입비가 적은 사람은 실용적인 잡화류를 선호하고, 반면 의복
이나 잡화 구입비가 많은 사람들은 패션이나 유행에 관심이 많은 것
으로 나타났다.

수입 잡화류의 이미테이션 구매경험이 있는 사람은 그렇지 않은
사람보다 유행과 상표선택에 신중을 기하고 있었다. 월수입이 높을
수록 수입 잡화의 구매동기 중 디자인, 품질을 중요시하였고, 구매결
정 시 상표이미지, 품질을 더 고려하였고 생산국과 제조국이 다르면
구입하지 않겠다고 대답하였다. 또 학력이 높고 월수입, 용돈이 많을
수록 잡화류의 구매가 많았다.

연구의 결과를 요약하면, 자기감시가 높은 여성과 낮은 여성에 따라 제품속성과 추구혜택에 유의한 차이가 있었지만, 수입 잡화에 대한 선호도는 대체적으로 높게 나타났다. 소비력이 강한 20-30대 여성의 구매력을 감안해 보면, 앞으로 국내브랜드의 시장 세분화 전략과 마케팅을 실시해야 무한 경쟁인 시장에서 살아남는 방법일 것이다.

2. 연구의 제한점

본 연구는 조사 지역 및 조사대상, 브랜드의 한정으로 인하여 다음과 같은 제한점이 있다.

1) 자기감시가 높은 집단과 낮은 집단의 수입 잡화의 선호도를 조사하기 위하여 수도권 지역의 20-30대 여성만을 대상으로 하였으므로 연구결과를 일반화시키는 데 한계가 따른다.
2) 본 연구는 현재 수입되고 있는 브랜드 중에서 백화점 중심으로 입점되어 있는 브랜드로 한정되었고, 주로 고가 위주라서 중·저가 브랜드의 수입이 많은 지금 중·상류층의 여성소비자행동의 일부분에 불과하다.

또한 수입되고 있는 여러 잡화류 아이템 중 가방, 선글라스, 시계, 반지, 목걸이로 한정되었다.

3. 제 언

이상의 연구결과 및 제한점을 고려하여 다음과 같이 제언할 수 있다.

1) 업계를 위한 제언

첫째, 연구의 결과에서 수입브랜드의 결정요인 중 품질이 중요한 변수로 나타났다. 또한 어느 한 요소만이 아니라 각 요소들이 종합하여 그 브랜드에 대한 인상을 형성한다고 생각한다. 따라서 상표 이미지 또한 구매 결정의 중요한 변수가 되므로 국내 기업은 상품개발이나 광고활동을 실행할 때 효과적인 상표 이미지를 만들도록 해야 할 것이다.

둘째, 국내시장에서 수입브랜드의 포지션이 커지고 있는 지금 국내브랜드도 내수시장에만 머물지 말고 해외시장으로 눈을 돌려야 할 시점이다. 따라서 적은 비용으로 큰 효과를 올릴 수 있는 인터넷으로 활발한 상거래가 이루어질 수 있도록 새로운 계획을 수립할 필요가 있다.

셋째, 연구의 결과에서 보듯이 국내 소비자는 수입 잡화 이미테이션을 계속 사용할 생각이 있는 것으로 나타났다. 컴퓨터에 의해 전 세계가 하나로 묶어지고 있는 지금 이미테이션 제품으로 승부를 거는 것은 기업의 수명을 단축시키는 결과이다. 따라서 국내 기업은 수입브랜드의 선진 마케팅 방법을 우리 실정에 맞게 조정해서 국내 기업이 성장할 수 있도록 투자를 할 필요가 있다.

2) 학계를 위한 제언

첫째, 수입 잡화류에 대한 성인남자, 남학생을 포함하는 10대 청소년층 전체에 대한 전반적인 연구가 필요하다고 본다.

둘째, 자기감시가 높은 집단과 낮은 집단의 집단별 국내브랜드에 대한 구매행동과 소비자 특성을 규명하는 것이 필요하다고 본다.

셋째, 수입브랜드의 결정요인 중 광고에 영향을 받는 것으로 나타났으며, 광고의 전략 중 요즘 많이 쓰고 있는 스타 마케팅에 대한 연구가 필요하다고 본다.

넷째, 연구의 결과에서 소비자의 구매행동 중에서 여성소비자의 70%가 수입 잡화 이미테이션을 사용한다고 했는데, 이미테이션 소비에 대한 체계적인 연구와 동조성이 강한 10대 청소년들의 사용유무를 밝히는 것도 소비력이 강한 영캐주얼 시장의 상품개발에 도움을 줄 수 있을 것으로 생각된다.

〈국내문헌〉

고애란, (1995) "남성정장의 의복단서와 관찰자의 자기모니터링이 직업 적합성에 미치는 영향", 대한가정학회지 101, 211-222.

고애란, (1994) "국내 및 외국상표 청바지의 구매의도에 따른 평가기준에 대한 신념과 추구이미지 및 의복태도의 차이 연구", 한국의류학회지, 18(2), 263-272.

김문숙, "서울 거주 여성의 외국 상표 인지도 및 선호도에 관한 연구", 이화여자대학교 대학원 석사논문, 1982.

김유성, "우리나라 소비자의 외국제품 선호도에 관한 연구", 연세대학교 대학원 석사논문, 1996.

김숙경, "청년기 수입의류 상표 선호도와 구매태도에 관한 연구", 숙명여자대학교 석사논문, 1997.

김성, "상표국 이미지가 소비자 구매행동에 미치는 영향", 제주대학교 대학원 석사논문, 1997.

김태경, "청소년의 외국상표 선호도 및 구매 후 만족도", 숙명여자대학교 교육대학원 석사논문, 1997.

김화신, "한국 소비자들의 상표 선호도에 따른 실증적 연구", 경희대학교 경영대학원 석사논문, 1995.

박성우, "우리나라 청소년의 외국상표 선호도에 관한 연구", 한양대학교 대학원 석사논문, 1985.

배종태, "자기감시와 체면, 광고 소구 유형이 구매의도에 미치는 영향", 중앙대학교 대학원 석사논문, 1997.

안광호·이진용, 브랜드 파워, 한언, 1997, PP. 237-258.

이경숙·김미숙, (1999) "고등학생의 수입캐주얼의류 태도에 따른 상표

분별능력과 구매행동 연구", 복식문화연구 제7권 제3호, 398-411.

이경희·이명희, (1999) "남녀대학생의 자아정체감, 의복추구혜택 및 의복
속성평가 간의 관계 연구", 복식문화연구 제7권 제4호, 139-154.

이남숙, "대학생의 과시 소비성향에 관한 연구", 국민대학교 대학원 석
사논문, 1998.

이은선, "자기감시, 사용상황, 상표친숙도가 광고문구의 태도기능에 미
치는 영향", 이화여자대학교 대학원 석사논문, 1998.

이은숙, (1999) "개인의 자기감시 지향성에 따른 상황별 소비자행동에
관한연구-의류제품을 중심으로", 소비자학연구10(1), 1-26.

이은영, 패션마케팅, 교문사, 1998.

이유리, "의류제품에 대한 소비자의 상표지향성", 서울대학교 대학원 석
사논문, 1994.

이희승, "가격과 상표가 의류제품 평가에 미치는 영향에 관한 연구", 이
화여자대학교 대학원 석사논문, 1995.

임헌문, "우리나라 소비자들의 외국유명상표 선호도에 관한 연구", 연세
대학교 대학원 석사논문, 1986.

조한승, "소비자의 자기감시 정도가 광고주장에 대한 의심에 미치는 영
향", 서강대학교 대학원 석사논문, 1994.

정미혜, "대학생의 가치관과 의복구매행동에 관한 연구", 상명대학교 대
학원 석사논문, 1998.

최승호, "우리나라 신세대의 의복 구매행동에 관한 연구", 고려대학교
경영대학원 석사논문, 1997.

홍희숙, "자기 모니터링과 의복태도, 유행정보원 사용 및 유행 의사 선
도력의 관련 연구", 연세대학교 대학원 석사논문, 1989.

홍병숙, 패션상품과 소비자행동, 수학사, 1998.

홍성태, 보이지 않는 뿌리, 박영사, 1999, PP. 159-195.

〈외국문헌〉

Takahaski, C.L & Newton A. perceptions of clothing conformity, Journal of Home Economics, 9, 720-723, 1967.

Kaiser, S.B. The social psycholdgy of clothing(2nd ed), New york, Macmillan Co, 1990.

Hong, S. & Wyer, R.S.Jr. Affects of country-of-origin and product-attribute information on processing perspective, Journal of Consumer Research, 16, 175-187, 1989.

Dickerson, K.G. Relative importance of country of origin as an attribute in apparel choices, Journal of Consumer Studies and Home Economics, 11, 333-343, 1987.

Jacoby, Jacod. "A Model of Multibrand Loyalty." Journal of Marketing Rearch. Vol. 2. June 1971. P.25.

Jacoby, Jacod and Robert W. Chestnut. Brand Loyalty Measurement and Management. Ronald Press Publication, 1978. P.24.

M. Snyder(1974), "Self-Monitoring of Expressive Behavior", Journal of Personality and Social Psychology, Vol.30(4), P. 526-537.

간행물 및 자료

섬유저널, 수입브랜드 현황, 2000, 2, 7월호

패션 마케팅, 2000, 1, 3, 4, 6, 8, 9, 11월호

인터넷자료

http://www. apparelnews. co. kr

http://www. fashionkorea. co. kr

http://www. nefa. co. kr

ABSTRACT

20-30 Woman's Purchasing Behavior and Attributes Evaluation and Benefit Imported Fashion Accessory based on Self-Monitoring

Piak, In-Sun

Major in fashion Business

Dept. of Clothing & Arts

Graduate school of Arts

Chung-Ang University

Directed by Dr. Hong Byung-Sook

The purpose of this study was to examine the evaluation of product attributes, benefit and purchasing behavior for 20's to 30's women who have more interesting in fashion and imported accessories.

Therefore, we have taken self monitoring theory for checking the social fitness and self expression behavior for others and also Self monitoring scale of Snyder, product attributes evaluation, benefit, variable numbers of population statistics from previous studies were used for this study.

The specific objectives of this survey were:

1) to examine the difference of product attributes evaluation & benefit between the high / low self monitoring groups.

2) to examine the purchasing behavior of 20-30 women's for imported accessaries.

3) to investigate the purchasing behavior of 20-30 women's for imported imitation accessaries.

4) to analyze the difference of purchasing behavior of 20-30 women's for imported accessaries by various numbers of population statistics.

The data was administered to 202 subjects who are living in Seoul and Spss package was used for analysis and the following methods such as Means, Percentage, Frequencies, Fact analysis, Crosstabulation analysis, t-test and One-way anova.The results of this study as fellows;

1) There are difference between high / low self monitoring groups for product attributes evaluation & benefit as symbolism in product attributes evaluation and brand, fashion and combination in benefit.

2) The 20-30's women's are recognized that the quality / design of imported accessories are better than domestic and normally buying it from department store. Over 60% of total are purchasing about 1 PCs of imported accessories by item a year and also about 50% are spend under 50.000 K / won to buy accessories and they are prefer very well known brands in the world.

3) about 74% of total have purchase experience for imitation accessories from Nandaimoon or Tongdaimoon market due to low price. also, about 73% of total will continually buy imitation accessories in future. so this market will keeping growing up.

4) The result by various numbers of population statistics was shown to the significant differences according to income, payment for cloths and accessories and experience of imitation accessories. and also, the difference of benefit was come from age, payment for cloths and accessories, experience of imitation accessories and income.

There are significant differences between high / low self monitoring groups, but they are prefer imported accessories, so domestic brands are required to improve product quality and design power as marketing strategy to survive in hard market situation in future.

부 록

부 록 목 차

〈부록 1〉 자기암시가 높은 사람과 낮은 사람의 사회적 행동 특성 및 의복관련 특성

자기감시의 이론적 명제	자기감시에 차이가 있는 사람들은 그들이 적절한 사회적 행위에 대한 상황적, 대인적 세부규정들에 의존하는 정도와 사회적 행동을 수행하기 위해서 내적 상태들, 개인적 기질 및 주관적 태도들에 의존하는 정도에서 차이를 보이게 될 것이다.		
	자기감시가 높은 사람	자기감시가 낮은 사람	자기감시가 높은 사람의 의복 관련 특성
자기감시 구성개념	자신의 행동에 상황적 및 대인적 적절성에 관한 단서들에 민감하여 이러한 단서들을 자신의 언어적 비언어적 자기제시들을 조절, 통제하는 데 이용된다.	표현행동이 사회적 상황에 부합하기 위해 자의식적으로 구성되기 보다는 자신의 내적 감정상태에 의해 통제되게 된다.	
사회적 행동 특성 — Snyder & Monson (1975)	●상황적 적절성에 의존 ●상황적 규범의 영향에 민감	●자신의 내적상태 에 의존	●의복규범 준수
사회적 행동 특성 — Danheisere & Granziano (1982)	●상황 간 특수성 또는 상이성	●상황 간 일관성	●의복규범 준수
사회적 행동 특성 — Snyder (1979)	●융통성 있는 자기개념 ●사회가치표현지향	●고정된 자기개념 ●자기가치표현지향	●의복규범 준수
	자기감시가 높은 사람	자기감시가 낮은 사람	자기감시가 높은 사람의 의복 관련 특성

사 회 적 행 동 특 성	Snyder & Cantor(1980)	• 전형적인 사람들의 원형에 대한 지식이 많음. • 타인의 이미지에 능숙 • 원형 지향적	• 자기이미지에 능숙 • 자아 지향적	• 타인 지향적 의복 태도 경향
	Miell & Voi(1985)	• 대인간의 상호작용에서 자의식 수준과 전략적 행동수준이 높음.		• 의복을 자기제시 전략수단으로 이용.
	Snyder & Berscheid (1985)	• 타인들의 외적인 신체외모에 민감.	• 타인들의 내적 속성 및 기질에 민감.	
	Snyder (1974, 1979)	• 사회적 적절성에 대한 단서들에 민감.		• 높은 유행 정보 탐색의 경향.
	Berscheid Graziano Monson & Dermer(1976)	• 대인간 정보들에 민감.		
	Snyder(1979)	• 표현적 행동에 있어 높은 조정성		• 유행의사 전달적 역할 가능성.
	Lud Long & Mallog(1986)	• 높은 자기 개방성		
		자기감시가 높은 사람	자기감시가 낮은 사람	자기감시가 높은 사람의 의복 관련 특성
	Lippa (1976, 1978)	• 사회적으로 바람직한 표현적 배경특성을 제시하는 기술 및 경향성이 높음.		

사 회 적 행 동 특 성	Snyder Gangestad & Simpson(1983)	● 전문적이고 특정적 인 사회세계 선호 ● 과업 지향적	● 자신과 동질적인 사회세계 선호 ● 동기 지향적	
	Snyder& Tanke(1976) Ickes, Layden, Barnes(1978) Ajzen, Tinko, White(1982)	● 태도, 행동의 약한 부합성		
	Wrong& Sheth(1985)	● 구매행동의지 – 구매 행동수행은 상황 특 성에 의해 매개됨. ● 구매행동에 있어 사 회적 규범인 상황적 변수에 의해 일차적 영향을 받음.	● 구매행동의지 – 구 매행동수행은 기질 적 변수들에 의해 매개됨. ● 기질적 변수에 의 해 일차적 영향을 받음.	● 소비자행동 및 패션마케팅 전 략과 관련한 함 축성 시사.
	Snyder& DeBono(1985)	● 이미지 지향적이고 선호. ● 동일시과정에 의해 설득됨.	● 품질지향적인 광고 선호. ● 내재화과정에 의해 설득됨.	
		자기감시가 높은 사람	자기감시가 낮은 사람	자기감시가 높은 사람의 의복관련 특성
	Brinberg& Plimpton(1987)	● 제품의 가시성에 따 라 준거집단의 영향 에 민감.	● 제품의 가시성에 영향을 받지 않음.	

자료원: 홍희숙, 자기모니터링과 의복태도, 유행정보원사용 및 유행의사 선도력의 관
련 연구, 연세대학교 석사논문, 1988.

〈부록2〉수입브랜드의 유통채널 및 매출현황

■직수입 쥬얼리 브랜드현황

도입업체	브랜드	도입시기	도입국	유통망	홈페이지
까르띠에	까르띠에(Cartier)		프랑스	11개	www.cartier.com
다비드코퍼레이션	우노아레(Unoaerre)	1999.10	이태리	4개	
다 통	스와로브스키	1992	오스트리아		
롯데상사	반클립				
명보교역	피아제(Piaget)	1998	스위스	4개	www.piaget.com
문정 인터내셔널	미오르제티(Mior Jetty)	1998.1	이태리	8개	
문정 인터내셔날	에레또	1999.5	이태리	5개	
배제통상	쇼메(Chaumet)	1999.8	프랑스	3개	www.chaumet.com
BVK	불가리(Bvlgari)	1999.4	이태리	5개	
B&B	우노아르젠또(UNOARGENTO)	1999.9	이태리	5개	
삼정기업	니나리찌(Ninaricci)		프랑스		
석전상사	찰스가니어(Charles Gamier)	2000.3	이태리	3개	
석전상사	루이페로(LouisFeraud)	2000.3	이태리	1개	
세훈통상	비체(Vice)				
시코콜렉션	윙크펄(Wink Pearl)		일 본		
시코콜렉션	르몽드비쥬(LeMondeDesBijoux)		이태리		
시코콜렉션	클리오블루(Clio Blue)		프랑스		
시코콜렉션	엘레강스(Elegance)		캐나다		
에레모아	모네(Monet)	1990	미 국		
에스에이에스	폴리폴리(FolliFolli)		그리스	2개	
유니아인터내셔날	앤클라인(AnnKlein)	2000.5	미 국	3개	
유니아인터내셔날	지방시(Givenchy)	2000	미 국	1개	
쥬디앙	크리스천 디올(Christian Dior)	1996	독 일	4개	
쥬디앙	버버리(Burberry)	1996	독 일	1개	
쥬디앙	치멘토(Chimento)	2000.3	이태리	1개	
폴린컴퍼니	아가타(Agata)	1996	프랑스	9개	
한국티코프	티파니(Tiffany)	1996.7	미 국	4개	www.tiffany.com
한영인터내셔날	미카엘라프레이(Michaela Frey)	1999.11	오스트리아	3개	

■직수입 피혁 잡화 브랜드 현황

(단위: 원)

복 종	도입업체	브랜드	도입시기	도입국	작년총매출	올해매출목표	현재유통망수	올해유통망계획	홈페이지
토 틀	듀 오	에뜨로	1994	이태리	50억	100억	5개	8-9개	
토틀잡화	아테스토니코리아	아테스토니	1997	이태리	60억	80억	5개	6개	www.testonikorea.com
토 틀	웨어펀인터내셔널	아이그너	1988	독일	100억	130억	11개	12개	www.wearfun.co.kr
토틀잡화	한국코사리베르만	발 리	1983	스위스	66억	80억	8개	8개	www.ballyswiss.com
토틀잡화	라바스컴	미키하우스컬렉션	2000	이태리	신 규	50억	1개	4개	www.lavas.com
핸드백	마로니	꼼데스	1997	독일	신 규		1개		
토틀잡화	아르모니아	훌라 난니니트루사르리	2000 2000 2001	이태리 이태리 이태리	신 규 신 규 신 규	25억	2개	4-5개	www.trussardi.com
토틀잡화	샤론인터내셔널	폴리니	2000	이태리	신 규	25억	면세점3개	2개	
토틀잡화	세호물산	제 니	1995	이태리	22억	35억	4개	8개	
가 방	수양무역	레스포쌕	1999	미국	1억3천	4억	1개	3개	
핸드백	스쿨데이즈	바바라	2000	이태리	신 규				
토 틀	신화코리아	알비에로마르티니	2000	이태리	신 규		1개	4-5개	www.shinhwakorea.com
토틀잡화	팬 코	란 셀	2000	프랑스	신 규	10억	1개	2개	www.panko.co.kr
핸드백	헤나코퍼레이션	미노보시안토니오푸스코레오나드	2000 2000 2000	이태리 이태리 이태리	신 규 신 규 신 규	15억 7억 3억	1개	백화점3개대리점5-10개	www.minobosi.com

■직수입 피혁슈즈 브랜드 현황

(단위: 원)

복종	도입업체	브랜드	도입시기	도입국	작년총매출	올해매출목표	현유통망수	올해유통망계획	홈페이지
슈즈	램브란트12	램브란트12	1999	이태리	2억4천만	3억6천만	1개	2개	
슈즈	JJ다나	잭스콜렉션	1991	이태리	5억	7억	2개	2개	
슈즈	재영 인터내셔날	레스카르페	1996	이태리	20억	30억	3개	5개	
슈즈	한화유통	세르지오로씨	1997	이태리	6억	7억	1개	2개	www.galleria.co.kr

■직수입 시계브랜드 현황

업체명	브랜드명	도입국	홈페이지
명보교역	피아제	스위스	www.piaget.com
명보교역	에 벨	스위스	
명보교역	크리스천 디올	프랑스	
명보교역	에르메스	프랑스	
명보교역	RW	스위스	
명보교역	셀린느	프랑스	
미림시계	태그호이어	스위스	www.milimwatch.co.kr
스와치그룹코리아	스와치	미 국	
스와치그룹코리아	CK	미 국	
우림T&C	엠포리오아르마니	이태리	
우림T&C	베르사체	이태리	
우림T&C	펜디	이태리	
우림T&C	버버리	영 국	
우폰물산	구 찌	이태리	
우폰물산	게 스	미 국	
우폰물산	스카젠	덴마크	
우폰물산	웽 거	스위스	
지코스모	지쇼크	일 본	
한국코사리베르만	발 리	스위스	
한국코사리베르만	섹 터	스위스	
한국코사리베르만	IWC	스위스	
한국코사리베르만	제니스	스위스	
한국코사리베르만	노티카	미 국	
한국코사리베르만	에스프리	미 국	
한국코사리베르만	팀버랜드	미 국	
한국코사리베르만	타이멕스	미 국	
한서시계	오메가		
	보메&메르시에	스위스	
	비쉐론콘스탄틴	스위스	

자료원: 섬유저널 2000. 7월호 P.203-213를 참조로 함.

〈부록 3〉 선호 브랜드

■ 선호 브랜드(가방)

상표명	빈도(명)	백분율(%)
프라다	81	48
루이비통	16	10
구 찌	16	10
베네통	11	6.8
샤 넬	8	5
까르띠에	6	3.6
페레가모	5	3
페레가모	5	3
발 리	8	5
버버리	2	1.4
크리스천 디올	2	1.4
조르지오 아르마니	1	0.7
겐 조	1	0.7
엠포리오 아르마니	1	0.7
베르사체	1	0.7
합 계	169	100

■ 선호 브랜드(시계)

상표명	빈도(명)	백분율(%)
구 찌	36	25
까르띠에	28	20
SWATCH	24	16.5
크리스천 디올	16	11
샤 넬	9	6.2
불가리	8	5.5
G-SHOCK	6	4.2
베르사체	5	3.3
베네통	4	2.7
겐 조	3	2
엠포리오 아르마니	2	1.2
조르지오 아르마니	2	1.2
버버리	1	0.6
프라다	1	0.6
합 계	145	100

■ 선호 브랜드(안경과 선글라스)

상표명	빈도(명)	백분율(%)
조르지오 아르마니	30	20
구 찌	28	18
베르사체	27	17.5
레이벤	14	9.2
베네통	11	7.2
샤 넬	10	6.5
엠포리오 아르마니	9	6
크리스천 디올	8	5.4
까르띠에	3	2
불가리	3	2
페레가모	3	2
테스토니	2	1.4
에스까다	2	1.4
발 리	1	0.7
겐 조	1	0.7
합 계	152	100

■ 선호 브랜드(반지)

상표명	빈도(명)	백분율(%)
아가타	26	23.5
불가리	22	20
루이비통	17	15.5
까르띠에	17	15.5
구 찌	8	7
샤 넬	8	7
크리스천 디올	4	3
베르사체	4	3
테스토니	3	2
발 리	2	1
엠포리오 아르마니	1	0.5
조르지오 아르마니	1	0.5
겐 조	1	0.5
베네통	1	0.5
에스까다	1	0.5
합 계	101	100

■ 선호 브랜드(목걸이)

상표명	빈도(명)	백분율(%)
아가타	43	37
불가리	15	12.4
테스토니	11	9.5
구 찌	10	8.5
샤 넬	9	7.5
크리스천 디올	9	7.5
페레가모	8	6.5
까르띠에	7	5.5
베르사체	2	1.4
겐 조	2	1.4
프라다	1	0.7
엠포리오 아르마니	1	0.7
조르지오 아르마니	1	0.7
베네통	1	0.7
합 계	109	100

<부록3 의 선호 브랜드는 무응답은 제외하였음.>

〈부록 4〉 의복 구입비에 따른 잡화 구매량

| | | 의 복 구 입 비 | | | |
		10만 원 미만	10-20 만 원	20-30 만 원	30만 원 이상
가 방	1개 이하(n=123)	59(48.0)	36(29.3)	24(19.5)	4(3.3)
	2-3개(n=67)	20(29.9)	21(31.3)	19(28.4)	7(10.4)
	4개 이상(n=12)	1(8.3)	2(16.7)	4(33.3)	5(41.7)
시 계	1개 이하(n=123)	79(41.8)	56(29.6)	42(22.2)	12(6.3)
	2-3개(n=67)	1(8.8)	1(16.7)	5(41.7)	4(33.3)
	4개 이상(n=12)	0(0.0)	1(100.0)	0(0.0)	0(0.0)
안경 · 선글 라스	1개 이하(n=184)	79(42.9)	56(30.4)	39(21.2)	10(5.4)
	2-3개(n=15)	1(6.9)	3(20.0)	6(40.0)	5(33.3)
	4개 이상(n=3)	0(0.0)	0(0.0)	2(66.7)	1(33.3)
반 지	1개 이하(n=163)	74(45.4)	47(28.8)	33(20.2)	9(5.5)
	2-3개(n=33)	5(15.2)	11(33.3)	12(36.4)	5(15.2)
	4개 이상(n=6)	1(16.7)	1(16.7)	2(33.3)	2(33.3)
목걸이	1개 이하(n=156)	68(43.6)	45(28.8)	31(19.9)	12(7.7)
	2-3개(n=37)	10(27.0)	12(32.4)	14(37.8)	1(2.7)
	4개 이상(n=9)	1(22.2)	2(22.2)	2(22.2)	3(33.3)

〈부록 5〉 잡화 구입비에 따른 잡화 구매량

		잡 화 구 입 비			
		10만 원 미만	10-20 만 원	20-30 만 원	30만 원 이상
가 방	1개 이하(n=123)	67(54.5)	38(30.9)	14(11.4)	4(3.3)
	2-3개(n=12)	25(37.3)	27(40.3)	10(14.9)	5(7.5)
	4개 이상(n=1)	0(0.0)	6(50.0)	2(16.7)	4(33.3)
시 계	1개 이하(n=189)	90(47.6)	68(36.0)	24(12.7)	7(3.7)
	2-3개(n=12)	2(16.7)	3(35.0)	1(8.3)	6(50.0)
	4개 이상(n=1)	0(0.0)	0(0.0)	1(100.0)	0(0.0)
안경·선글 라스	1개 이하(n=184)	90(48.9)	64(34.0)	21(11.4)	9(4.9)
	2-3개(n=15)	2(13.3)	6(40.0)	5(33.3)	2(13.3)
	4개 이상(n=3)	0(0.0)	1(33.3)	0(0.0)	2(66.7)
반 지	1개 이하(n=163)	87(53.4)	51(31.3)	19(11.7)	6(3.7)
	2-3개(n=33)	5(15.2)	17(51.5)	7(21.2)	4(12.1)
	4개 이상(n=6)	0(0.0)	3(50.0)	0(0.0)	3(50.0)
목걸이	1개 이하(n=156)	79(50.6)	49(31.4)	22(14.1)	6(3.8)
	2-3개(n=37)	13(35.1)	18(48.6)	4(10.8)	2(5.4)
	4개 이상(n=9)	0(0.0)	4(44.4)	0(0.0)	5(55.6)

〈부록 6〉 의복 구입비에 따른 수입 잡화 소유량

		의복구입비			
		10만 원 미만	10-20 만 원	20-30 만 원	30만 원 이상
가 방	2개 이하(n=130)	63(48.5)	39(30.0)	24(18.5)	4(3.1)
	3-5개(n=56)	11(19.6)	14(25.0)	22(39.3)	9(16.1)
	6개 이상(n=16)	6(37.5)	6(37.5)	1(6.3)	3(18.8)
시 계	2개 이하(n=193)	80(41.5)	57(29.5)	43(22.3)	13(6.7)
	3-5개(n=6)	0(0.0)	2(33.3)	2(33.3)	2(33.3)
	6개 이상(n=3)	0(0.0)	0(0.0)	2(66.7)	1(33.3)
안경·선글 라스	2개 이하(n=185)	78(42.2)	56(30.0)	40(21.6)	11(5.9)
	3-5개(n=15)	4(18.2)	3(20.0)	6(40.0)	4(26.7)
	6개 이상(n=2)	1(20.0)	0(0.0)	1(50.0)	1(50.0)
반 지	2개 이하(n=175)	75(42.9)	51(29.1)	38(21.7)	11(6.3)
	3-5개(n=22)	4(18.2)	7(31.8)	8(36.4)	3(13.6)
	6개 이상(n=5)	1(20.0)	1(20.0)	1(20.0)	2(40.0)
목걸이	2개 이하(n=165)	76(46.1)	44(26.7)	36(21.8)	9(5.5)
	3-5개(n=25)	1(4.0)	11(44.0)	8(32.0)	5(20.0)
	6개 이상(n=12)	3(25.0)	4(33.3)	3(25.0)	2(16.7)

〈부록 7〉 잡화 구입비에 따른 수입 잡화 소유량

		잡화구입비			
		10만 원 미만	10-20 만 원	20-30 만 원	30만 원 이상
가 방	2개 이하(n=130)	69(53.1)	43(33.1)	14(10.8)	4(3.1)
	3-5개(n=56)	22(4.0)	22(39.3)	10(17.9)	7(12.5)
	6개 이상(n=16)	6(37.5)	6(37.5)	2(12.5)	2(12.5)
시 계	2개 이하(n=193)	90(46.1)	68(35.2)	26(13.5)	9(4.7)
	3-5개(n=6)	2(4.0)	1(16.7)	0(0.0)	3(50.0)
	6개 이상(n=3)	0(25.0)	2(66.7)	0(0.0)	1(33.3)
안경·선글 라스	2개 이하(n=185)	91(49.2)	63(34.1)	21(11.4)	10(5.4)
	3-5개(n=15)	1(6.7)	7(46.7)	5(33.3)	2(13.3)
	6개 이상(n=2)	0(0.0)	1(50.0)	0(0.0)	1(50.0)
반 지	2개 이하(n=175)	86(49.1)	58(33.1)	25(13.3)	6(3.4)
	3-5개(n=22)	6(27.3)	10(45.5)	1(4.5)	5(22.7)
	6개 이상(n=5)	0(0.0)	3(60.0)	0(0.0)	2(40.0)
목걸이	2개 이하(n=165)	85(46.1)	53(32.1)	22(13.3)	5(3.0)
	3-5개(n=25)	1(4.0)	13(52.0)	3(12.0)	5(20.0)
	6개 이상(n=12)	3(25.0)	5(41.7)	1(8.3)	3(25.0)

〈부록 8〉 인구 통계적 변인에 따른 잡화 구매량 및 소유량

연 령 ＼ 가방 수	20-23세	24-26세	27세
2개 이하(n=130)	33(25.4)	17(13.1)	80(61.5)
3-5개(n=56)	12(21.4)	8(14.3)	36(64.3)
6개 이상(n=16)	3(18.8)	7(43.8)	6(37.5)

안경, 선글라스 ＼ 학 력	고졸이하	대학재학	대학졸업	대학원 이상
1개 이하(n=187)	43(23.0)	75(40.1)	41(21.9)	28(15.0)
2-3개(n=15)	0(0.0)	4(26.7)	7(46.7)	4(26.7)
4개 이상(n=3)	1(8.3)	0(0.0)	0(0.0)	2(66.7)

안경, 선글라스 ＼ 월수입	150만 원 미만	150-300만 원	300-450만 원	450만 원 이상
1개 이하(n=187)	43(23.0)	75(40.1)	41(21.9)	28(15.0)
2-3개(n=15)	0(0.0)	4(26.7)	7(46.7)	4(26.7)

〈부록 9〉 인구 통계적 변인에 따른 수입 잡화 소유량

<table>
<tr><td rowspan="9">가방</td><td>가방 수
연령</td><td colspan="2">20-23세</td><td colspan="2">24-26세</td><td>27세 이상</td></tr>
<tr><td>2개 이하(n=130)</td><td colspan="2">33(25.4)</td><td colspan="2">17(13.1)</td><td>80(61.5)</td></tr>
<tr><td>3-5개(n=56)</td><td colspan="2">12(21.4)</td><td colspan="2">8(14.3)</td><td>36(64.3)</td></tr>
<tr><td>6개(n=16)</td><td colspan="2">3(18.8)</td><td colspan="2">7(43.8)</td><td>6(37.5)</td></tr>
<tr><td>가방 수
월수입</td><td>150만 원
미만</td><td>150-300만
원</td><td>300-450만
원</td><td>450만 원
이상</td></tr>
<tr><td>2개 이하(n=130)</td><td>36(27.7)</td><td>53(40.8)</td><td>28(21.5)</td><td>13(10.0)</td></tr>
<tr><td>3-5개(n=56)</td><td>5(8.9)</td><td>23(41.1)</td><td>17(30.4)</td><td>11(19.6)</td></tr>
<tr><td>6개(n=16)</td><td>2(12.5)</td><td>3(18.8)</td><td>3(18.8)</td><td>8(50.0)</td></tr>
<tr><td>가방 수
용돈</td><td>20만 원
미만</td><td>20-30만 원</td><td>30-40만 원</td><td>40만 원
이상</td></tr>
<tr><td rowspan="3"></td><td>1개 이하(n=123)</td><td>30(24.4)</td><td>44(35.8)</td><td>26(21.2)</td><td>23(18.7)</td></tr>
<tr><td>2-3개(n=67)</td><td>7(10.4)</td><td>26(38.8)</td><td>15(22.4)</td><td>19(28.4)</td></tr>
<tr><td>4개 이상(n=12)</td><td>1(8.3)</td><td>0(0.0)</td><td>7(58.3)</td><td>4(33.3)</td></tr>
<tr><td rowspan="4">안경·선글라스</td><td>안경, 선글라스
월수입</td><td>150만 원
미만</td><td>150-300만
원</td><td>300-450만
원</td><td>450만 원
이상</td></tr>
<tr><td>2개 이하(n=165)</td><td>43(23.2)</td><td>73(39.5)</td><td>44(23.8)</td><td>25(13.5)</td></tr>
<tr><td>3-5개(n=25)</td><td>0(0.0)</td><td>6(40.0)</td><td>3(20.0)</td><td>6(40.0)</td></tr>
<tr><td>6개 이상(n=12)</td><td>0(0.0)</td><td>0(0.0)</td><td>1(50.0)</td><td>1(50.0)</td></tr>
<tr><td rowspan="4">목걸이</td><td>목걸이
월수입</td><td>150만 원
미만</td><td>150-300만
원</td><td>300-450만
원</td><td>450만 원
이상</td></tr>
<tr><td>2개 이하(n=165)</td><td>41(24.8)</td><td>64(38.8)</td><td>37(22.4)</td><td>23(13.9)</td></tr>
<tr><td>3-5개(n=25)</td><td>2(8.0)</td><td>8(32.0)</td><td>11(44.0)</td><td>4(16.0)</td></tr>
<tr><td>6개 이상(n=12)</td><td>1(0.0)</td><td>7(58.3)</td><td>0(0.0)</td><td>5(41.7)</td></tr>
</table>

백인선(白仁仙) ···

중앙대학교 예술대학원 의상예술학과 석사
중앙대학교 일반대학원 의류학과 박사과정 수료
(주)모아방, (주)클라라윤, (주)엣떼스포츠, (주)감각,
(주)리빙탑스 디자인실근무
(주)서광기획 기획실 근무 중
(사)한국색채교육원 색채심리마케팅 강사
(사)아트센타 색채심리마케팅 강사
현 중앙대학교 의류학과 강사

주요논저

『TV홈쇼핑에서 경품 및 사은품 행사가 의류상품구매에 미치는 영향』
『남성의 외모관리에 영향을 미치는 심리적 변인』
『라이프스타일에 따른 인테리어샵의 제품속성평가 및 서비스평가와
구매행동』

수입패션 잡화 구매행동

- 초판 인쇄   2007년 5월 2일
- 초판 발행   2007년 5월 2일

- 지 은 이   백인선
- 펴 낸 이   채종준
- 펴 낸 곳   한국학술정보㈜
　　　　　　경기도 파주시 교하읍 문발리 526-2
　　　　　　파주출판문화정보산업단지
　　　　　　전화　031) 908-3181(대표) · 팩스　031) 908-3189
　　　　　　홈페이지　http://www.kstudy.com
　　　　　　e-mail(출판사업팀사업부)　publish@kstudy.com
- 등　　록   제일산-115호(2000. 6. 19)
- 가　　격   17,000원

ISBN　　　978-89-534-6747-7 95320 (Paper Book)
　　　　　　978-89-534-6748-4 98320 (e-Book)